Michael Baumgarten

Der Kampf um das Reichszivilstandsgesetz in der deutschen protestantischen Kirche

Michael Baumgarten

Der Kampf um das Reichszivilstandsgesetz in der deutschen protestantischen Kirche

ISBN/EAN: 9783743414334

Hergestellt in Europa, USA, Kanada, Australien, Japan

Cover: Foto ©Suzi / pixelio.de

Manufactured and distributed by brebook publishing software (www.brebook.com)

Michael Baumgarten

Der Kampf um das Reichszivilstandsgesetz in der deutschen protestantischen Kirche

Der Kampf

um

das Reichscivilstandsgesetz

in

der deutschen protestantischen Kirche.

Von

M. Baumgarten,
Mitglied des deutschen Reichstages.

Berlin SW. 1876.

Verlag von Carl Habel.
(C. F. Lüderitz'sche Verlagsbuchhandlung.)
33. Wilhelm-Straße 33.

Das Recht der Uebersetzung in fremde Sprachen wird vorbehalten.

Die gefährlichste Schwäche des deutschen Reiches in seinem weltgeschichlichen Kampf mit dem vaticanischen Papstthum besteht darin, daß das officielle Kirchenthum des deutschen Protestantismus vielfach von derselben inneren Feindschaft gegen den Geist der neuesten deutschen Staatsentwicklung und Gesetzgebung beseelt ist, die in der päpstlichen Kirche zum offenbaren Widerstande treibt. Nun zeigt sich der Geist der neuesten deutschen Gesetzgebung in keinem Gesetz so deutlich, wie in dem Reichscivilstandsgesetz vom 6. Februar 1875, und gegen kein Gesetz ist der Ansturm der reactionären Parteien innerhalb der protestantischen Kirche so groß und verderblich wie gegen dieses. Noch sind wir nicht über die erste Hälfte des Jahres hinaus, in dessen Anfang dieses Gesetz im ganzen deutschen Reiche zur Ausführung kommen soll, und wie sehr ist schon das Ansehen desselben in der öffentlichen Meinung geschädigt, wie sehr ist die Ausführung desselben durch thatsächliche Gegenwirkung der hierarchischen und klericalen Reaction in den evangelischen Landeskirchen verkümmert!

Soll nicht ein verhängnißvoller und unheilbarer Schade geschehen, dann ist es hohe Zeit, daß diesem bedrohten Gesetze Hülfe werde. Ich habe mich nach Hülfen umgesehen, habe aber nur zwei Hülfen finden können und beide liegen auf dem geistigen Gebiet. Zuerst muß das deutsche Volksgewissen dieses gefährdete Gesetz in seinen Schutz nehmen. Aber da einstweilen das deutsche Volksgewissen in Betreff dieser brennenden Frage noch schläft, so muß es geweckt werden durch den starken Ruf furchtloser Wahrhaftigkeit. Aber eine bloße Abwehr des Widerstandes genügt nicht, die Gegnerschaft muß vernichtet werden; denn da der Widerstand sich mit großem Nachdruck auf heilige Motive beruft, so bleibt so lange immer ein Stachel im Gewissen, als nicht die vermeintliche Heiligkeit entlarvt und in ihrer gottlosen Blöße aufgewiesen ist. Darum muß man auch den Geist der unsichtbaren Kirche zu Wort kommen lassen. Derselbe wird beweisen, daß in dem angefeindeten Gesetze ein geistlicher Segen verborgen liegt; derselbe wird diejenigen, welche noch jüngst die heiligen Flüche gegen dieses Gesetz auf den Lippen hatten und jetzt diese Flüche nur aus Furcht in ihren Herzen verschließen, dergestalt überführen und strafen, daß sie entweder von ihrer vermeintlichen Höhe herniedersteigen und öffentlich beichten und Buße thun, oder vor allem Volke an dem Pranger stehen müssen.

Das Werk ist schwer und kann nur in der Hoffnung auf den Beistand Gleichgesinnter unternommen werden.

Es wurde gesagt, daß der Geist unserer neuesten Gesetzgebung sich in keinem Gesetz so deutlich ausprägt, wie in dem Reichscivilstandsgesetz. Wir werden also, um den Kampf wegen dieses Gesetzes zu verstehen, nach dem Geiste dieses Gesetzes zu fragen haben. Auf den ersten Anblick eine nicht wenig befremdende Frage. Zweimal hat der Reichstag über dieses Gesetz weitläufige Verhandlungen gepflogen, aber weder diese Verhandlungen noch die Motive der Regierungsvorlage haben Wesen und Namen dieses Geistes enthüllt. Ueber die Aeußerlichkeiten des Gesetzes ist viel geredet und geschrieben, auf den Geist hat man nur selten und nur von ferne hingewinkt; fast als wagte man es nicht, ihn mit seinem Namen zu citiren. In der That tief verschleiert ist der Geist dieses Gesetzes, aber wir müssen ihn schon um beßwillen ans Licht bringen, weil wir sonst das Gesetz vor einem fanatischen Attentate nicht schützen können. Der Reichstagsabgeordnete Jörg nannte den Geist unseres Gesetzes „Samiel" und sein Parteigenosse, der Priester und Doctor der Theologie Westermayer übersetzte diesen

Titel ins Biblische und nannte den geistigen Vater des Gesetzes „den Fürsten dieser Welt", mit welchem Namen die heilige Schrift den Teufel bezeichnet. Und in dem herrschenden Protestantismus ist eine Anschauung weit verbreitet, welche dieser römisch-katholischen Genealogie unseres Reichsgesetzes vollkommen zustimmt. Stahl hat 1861 im Herrenhause erklärt: „der Kern der Civilehe ist der Vertilgungskrieg der Revolution gegen das Christenthum", und ein mecklenburgischer Pastor erklärte in dem mecklenburgischen Kirchenblatt das Eingehen einer Civilehe für Götzendienst und war des Dafürhaltens, daß einem Paar, welches seinen Abfall von Gott durch eine solche That bekundet habe, der kirchliche Segen nicht ertheilt werden dürfe. Diesen wilden Zelotismus ist man in neuester Zeit natürlich genöthigt worden im Zaum zu halten, aber den von Stahl behaupteten Zusammenhang zwischen der Civilehe und der gottlosen Revolution pflegt man festzuhalten. „Die Denkschrift des Ausschusses der allgemeinen lutherischen Conferenz" vom Jahre 1874 giebt folgendes Urtheil ab: „in Deutschland schlägt man mit der Einführung der Civilehe dieselbe Bahn ein, wie in der französischen Gesetzgebung" und zwar geschieht dies, „nachdem das deutsche Reich den Charakter als christlichen Staat abgelegt hat"; oder wie es auch ausgedrückt wird „nach vorausgegangenem Bruch des deutschen Reiches mit dem Christenthum". Auf denselben französischen Ursprung der deutschen Civilehe weist auch der neulutherische Professor und Pastor Cremer in Greifswald zurück. (Ueber die kirchliche Trauung. 1875). In Frankreich wurde nun zwar die Einführung der Civilacte beschlossen und zum Gesetz erhoben von der constituirenden Nationalversammlung, in welcher jedoch der Atheismus des Nationalconvents noch keine Rolle spielte. Aber Diejenigen, welche die französische Revolution als Quelle und Anfang des modernen Antichristenthums betrachten, pflegen auf die Unterscheidung der verschiedenen Stadien dieser Katastrophe kein großes Gewicht zu legen und fällt demnach dieser Pragmatismus der Neulutheraner mit jenem Stammbaum der Herren Jörg und Westermayer ziemlich zusammen.

Wenn nun aber eine solche lästerliche Anklage aus beiden Confessionen gegen Ursprung und Geist unseres Gesetzes vorliegt, dann ist es wahrlich nicht genug zu sagen: wir brauchen das Gesetz in unserm „Culturkampf" und außerdem hat die Civilehe jenseits des Rheins keinen Schaden angerichtet. Nur dann kann man jenen Lästerungen gegenüber bei diesem Gesetz ein gutes Gewissen haben, wenn man beweisen kann, daß der Geist dieses Gesetzes ein guter ist, der deßhalb auch Macht hat, einen etwaigen Mißbrauch in der Richtung jener Anklagen zu corrigiren und in Segen zu verwandeln.

In der That leitet uns eine ruhige und ernste Betrachtung auch auf eine ganz andere Spur, als wohin jene leidenschaftlichen Anklagen uns weisen. Es ist nicht wahr, was jene neulutherische Denkschrift behauptet, daß die französische Revolution die Civilacte in die Welt eingeführt hat. Eine sehr verschiedene und viel frühere gesetzgebende Körperschaft, als die französische Nationalversammlung, hat die Einführung der obligatorischen Civilehe beschlossen. Es ist das sogenannte „kleine Parlament", welches am 24. August 1653 die Sanction der Eheschließung durch die Friedensrichter als Civilstandsbeamte zum Gesetz erhoben, welches Gesetz nach der Restauration der Stuarts durch Karl II. wieder aufgehoben wurde. Hier ist also die früheste Urheberschaft dessen, was man die Säcularisation der Ehe genannt hat. Es bedarf aber nur einer flüchtigen Erinnerung an den Charakter dieses „kleinen Parlaments", um ein für allemal jene leichtsinnige Insinuation, als ob Befürwortung und Einführung der Civilehe an und für sich selbst mit dem Brandmal der Gottlosigkeit gezeichnet sei, zu vernichten. Die Mitglieder des „kleinen Parlaments" waren von Cromwell und seinem Staatsrath berufen als „Männer, die Gott fürchten und Treue und Ehrenhaftigkeit bewährt haben", und die Rede Cromwells am 4. Juli 1653 ist noch heute ein Zeugniß, in wie hohem Grade „dieser größte Fürst Englands" den geistlichen Charakter dieser Versammlung zu schätzen sich gedrungen fühlte. Carlyle bemerkt, daß Francis Rouse, „dessen Psalmen noch heute in der nördlichen Kirche gesungen werden", nahe zu in dieser Versammlung zum Sprecher gewählt worden wäre. Man hat Grund zu zweifeln, ob die heutigen Eiferer gegen Civilehe die Prüfung dieser Männer auf ihren christlichen Glauben und ihr heiliges Leben mit Ehren bestehen würden. Aber diese strengen Puritaner waren nicht blos von Herzen glaubensstark und fromm, sondern sie hatten auch politischen Verstand und Charakter. Wenn sie freilich, wie sich zeigte, der ungewöhnlich schwierigen Aufgabe, welche die damalige Weltlage an die junge Republik stellte, nicht gewachsen waren, so giebt ihnen Dahlmann Nichts desto weniger das ehrende Zeugniß, daß „sie über politische Dinge ernsthaft nachgedacht und dieselben bürgerlich praktisch angegriffen".

Carlyle schreibt, dieses Parlament sei tüchtiger gewesen, als manches mit den jetzt üblichen Ceremonien gewählte. Jedenfalls ist es hohe Zeit, daß der aus den frivolen Tagen der Restauration stammende Spott über das „Parlament der Heiligen" aus unseren Geschichtsbüchern verschwinde. Die Zeit, welcher dieses Parlament angehört, war jene Epoche englischer Geschichte, von welcher Dahlmann sagt: „Die Vermählung von kirchlicher und politischer Freiheit ward damals im Herzen des Volkes eingesegnet". Die Verlobung dieser beiden Freiheiten ist vollzogen in jenen großen Tagen der deutschen Reformation; aber auf deutschem Boden sind wir noch nicht so glücklich gewesen, die Vermählung zu erleben. Die selbstbewußte und beabsichtigte Verwerthung der protestantischen Freiheit und Kraft für das öffentliche Leben, welche in Luthers Persönlichkeit und in den Anfängen der deutschen Reformation angelegt war, geht für Teutschland verloren und unsere confessionell zerrissene Nation war niemals weiter von diesem Segen entfernt, wie eben in derjenigen Zeit, als der britische Protestantismus diese Erbschaft der deutschen Reformation antrat. Wie jetzt Gladstone sich der Posaune Luthers erinnert, so haben damals Cromwell und Milton sich auf Luther berufen. Luthers exegetisches Hauptbuch, die Auslegung des Galaterbriefes wurde 1635 ins Englische übersetzt und John Bunian hat diese Schrift für das beste Buch nächst der Bibel erklärt. Auch andere Schriften Luthers wurden in den Jahren 1636, 1649 und 1653 den Engländern zugänglich gemacht. Auf dem Grunde dieses ursprünglichen Protestantismus, der das Christenthum von den hierarchischen und magischen Fesseln befreit und wiederum in die Sakristei des Herzens zurückführt, steht jenes puritanische Parlament, welches die Beurkundung der Eheschließung an die Friedensrichter verweist.

Somit führt uns die früheste gesetzliche Spur der Civilehe, welche doch in dem Gesetz über die Beurkundung des Personenstandes die Hauptrolle spielt bei den Gegnern wie bei den Freunden, auf die deutsche Reformation und ihren großen Urheber. Wir sind genöthigt, den Charakter dieser deutschen Epoche etwas genauer anzusehen, um dem verborgenem Geiste des deutschen Reichsgesetzes, von dem wir hier handeln, näher zu kommen. Mit Recht nennen wir das Mittelalter finster, die größte Finsterniß aber in jenen Zeitläufen ist das Papstthum, denn Christus, welcher ist „das Licht der Welt", weil er die Dinge der Welt nach ihrem wahren Wesen offenbar macht, wird durch das Papstthum, welches seine Stelle usurpirt, verdunkelt. Je mehr das Papstthum seine finsteren Schwingen ausbreitete, desto mehr wurden die Dinge und Institutionen der Welt ihrer wahren Stelle und Bedeutung entrückt: wir würden, sagt Luther einmal, wenn das Papstthum noch eine Weile ungestört weiter gewirthschaftet hätte, auf den Stand der unvernünftigen Thiere herabgesunken sein. Vor Allem waren es der Staat und die Ehe, welche unter dem verfinsternden Einfluß des Papstthums zu leiden hatten. Der Staat wurde seiner angebornen Majestät entkleidet, er wurde dem Mond verglichen, der sein Licht von der Sonne des Papstthums borgen

(464)

mußte. Die Ehe war durch die überschwengliche Heiligkeit der Klostergelübbe und des Priestercölibats auf den Stand einer untergeordneten Moralität herabgedrückt. Als nun Luther durch die Finsternisse des Papstthums hindurchbringend Christum als das neu aufgehende Licht der Welt geschaut und in sich aufgenommen hatte, da ward ihm die wahre Natur und Gestalt der Welt durchsichtig. Er schrieb an Capito das merkwürdige Wort: „das Christenthum ist ein öffentlich aufrichtig Ding, siehet die Sachen an und benennt sie, wie sie an sich selber sind." Jetzt entdeckt der Mönch sein Vaterland, sein Volk, seine Sprache, seinen Staat und im Namen der Freiheit des Christenmenschen zerreißt er alle die falschen anmaßenden Titel, mit denen das Papstthum die großen Naturordnungen Gottes als seine Domäne in Anspruch genommen und entwerthet hatte. Luther setzte den Staat wiederum ein in seine Würde und in sein ursprüngliches Recht und er durfte mit Wahrheit sagen, daß kein Lehrer seit der Apostel Tagen das Wesen der weltlichen Obrigkeit so ins Licht gestellt habe, wie er und er hätte nicht nöthig gehabt, „vielleicht den Augustinus" auszunehmen. Eine einfache Selbstfolge ist es, daß Luther auch die Ehe, diese Naturbasis alles Staatswesens gleichfalls aus den Banden der babylonischen Gefangenschaft befreit und zwar mit solcher Energie, daß er alle Heiligkeit der Klostergelübbe und des Priestercölibats der von ihm wieder eingesetzten Naturordnung Gottes strenge unterordnete.

Als Anhang zu dem kleinen Katechismus schrieb Luther „ein Traubüchlein für die einfältigen Pfarrherren". Dieses Traubüchlein ist sogar in die ersten Ausgaben des Concordienbuches, z. B. in die Ausgabe Dresden 1598, aufgenommen, hat also in den ersten Zeiten der lutherischen Kirche sogar symbolisches Ansehen. Hier spricht sich nun die Grundanschauung Luthers von der Ehe unumwunden aus. Das Traubüchlein beginnt: „so manches Land, so manche Sitte, sagt das gemeine Sprichwort. Demnach weil die Hochzeit und Ehestand ein weltlich Geschäft ist, gebührt uns Geistlichen und Kirchendienern, Nichts darin zu ordnen oder regieren, sondern laſſen einer jeglichen Stadt und Land hierin ihren Brauch und Gewohnheit, wie ſie gehen. Solches Alles und dergleichen laſſe ich Herren und Rath ſchaffen und machen wie ſie wollen, es gehet mich nichts an". — „Aber ſo man von uns begehret, vor den Kirchen oder in den Kirchen ſie zu ſegnen, über ſie zu beten oder ſie auch zu trauen, ſo ſind wir ſchuldig, daſſelbe zu thun." Dadurch daß er die Ehe in ihrer Naturordnung anſchaute und ſich durch den päpſtlichen übergeiſtlichen Sacramentsbegriff nicht ſtören ließ, war es ihm möglich, das Werk Gottes darin um ſo mehr zu erkennen und deshalb, wie er in dem Traubüchlein fortfährt, „ſoll der Eheſtand als Gottes Werk und Gebot hundert mal billiger geiſtlich geachtet werden, denn der klöſterliche Stand, welcher billig als der allerweltlichſte und fleiſchlichſte ſollte geach= tet werden." Bei dieſer Anſchauung von der Natur der Ehe findet Luther es alſo ganz in der Ordnung, daß das weltliche Regiment ſich dieſer Angelegenheit annimmt, iſt demnach mit der Grund= vorausſetzung unſeres Reichsgeſetzes in vollem Einklang. Ja noch mehr, er warnt die Geiſtlichen, ſich mit der Regulirung der Ehe= angelegenheiten zu befaſſen, und zwar nicht bloß in dieſem Trau= büchlein, ſondern auch ſonſt oftmals. Während das päpſtliche Tridentinum diejenigen mit dem Fluch belegt, welche die Eheſachen den geiſtlichen Gerichten entziehen, ſagt Luther, wenn die Geiſt= lichen ſich in dieſe Eheangelegenheiten vertiefen, ſo „werden ſie in dieſem Waſſer erſaufen". Man hat Luthers Rath und Warnung überhört, man brachte auch in der lutheriſchen Kirche die Ehe= ſachen vor die geiſtlichen Conſiſtorien, was dann ſo lange gewährt hat, bis man erlebte was Luther vorhergeſagt. Die Einführung der Civilehe bringt dieſe Angelegenheit genau auf den Punkt zu= rück, von dem Luther ausging.

Man wird es doch nun nicht für zufällig halten können, daß die gegenwärtig ſich vollziehende thatſächliche Emancipation des deutſchen Reiches und der deutſchen Ehe von den hierarchiſchen und klerikalen Anmaßungen genau dem entspricht, was Luther gelehrt hat. Es fehlt aber noch viel daran, daß man die Gleichzeitigkeit dieser zwiefachen Emancipation gebührend würdigt. Durch das Civilstandsgesetz wird jedes Brautpaar verpflichtet, die Anerkennung der Ehe von dem Vertreter des Reichs in dem Standesamt nachzusuchen. Es wird damit den angehenden Eheleuten zum Bewußtsein gebracht, daß das neue Hauswesen, die entstehende Familie eingefügt ist in den großen Organismus des Reiches. Das ist aber eine sehr zeitgemäße Lehre und Mahnung. Denn der Bestand und das Gedeihen des deutschen Reiches hängt wesentlich ab von der Pflege und dem Wachsthum der staatsbürgerlichen Gesinnung. Aber unter diesem Titel steht verzeichnet das größte Deficit unseres neuen Reiches und hier sind wir alle mit wenigen Ausnahmen Schuldner. Zwei Klassen sind jedoch vor Allem im Rückstand, das weibliche Geschlecht und die Gemeinde der "Stillen im Lande". Nicht von der Verschrobenheit eines politischen Stimmrechtes für das weibliche Geschlechts ist die Rede, sondern von dem Sinn und Verständniß für das öffentliche Leben, das auch im weiblichen Geschlecht so weit ausgebildet sein muß, daß die Frauen und Töchter das politische Wirken des Mannes in seiner sittlichen Natur und Richtung begreifen und mit ihrer Theilnahme begleiten können. Daß aber daran einstweilen noch sehr viel fehlt, wird wohl Jeder zugeben. Nun ist die neue Institution der Civilehe recht dazu angethan, auch den weiblichen Theil der Nupturienten an das sittliche Verhältniß zum Reich und an seine staatsbürgerliche Pflicht zu mahnen. Die Symbole bei der Eheschließung der alten Germanen sollten nach Tacitus die junge Frau daran erinnern, daß sie den ganzen Ernst des thätigen Manneslebens zu theilen berufen sei. Der Gang des Brautpaares auf das Rathhaus zum Behuf des Civilactes läßt sich füglich verstehen als eine Uebersetzung jener germanischen Sitte des ersten Jahrhunderts in diese unsere deutsche Gegenwart. Unter den "Stillen im Lande" verstehe ich die hochwichtige Classe der

jenigen Frommen und Guten, welche das ganze Pflichtengebiet so
gerne beschränken auf den Kreis des individuellen und familiären
Lebens und innerhalb dieses Kreises sich gewissenhaft bewegen,
in Ansehung des öffentlichen Lebens aber es für tugendhaft hal=
ten, sich möglichst fern und theilnahmslos zu verhalten, und alle
Sorge, Mühe und Unruhe in diesem Gebiet den Beamten zu
überlassen, und wenn daher unter ihnen vom „Reiche" die Rede
ist, so meinen sie die Angelegenheiten der inneren und äußeren
Mission. Durch diese pietistische und moralistische Bornirtheit
wird dem öffentlichen Leben ein hochnothwendiges Gegengewicht
gegen die mehr oder minder leidenschaftliche Agitation entzogen.
Nur dadurch, daß diese Gemeinde der „Stillen im Lande" sich
entschließt, ihre sittlichen Kräfte in die Bewegungen und Kämpfe
des öffentlichen Gemeinwesens hineinzustellen, gelangen wir zu
einer gedeihlichen politischen Action. Die obligatorische Civilehe
ist eine Mahnung an das Gewissen dieser Gemeinde, daß sie jede
neue Familie und jedes neue Haus anzusehen habe als in einem
sittlichen und pflichtmäßigen Zusammenhang stehend mit dem großen
Organismus des deutschen Reiches. In dem neuen deutschen
Reiche muß das politische Schlaraffenthum aufhören und die,
welche vorzugsweise auf Christenthum und Gewissenhaftigkeit An=
spruch machen, sollen wissen, daß sie nicht länger für Frömmigkeit
und Tugend halten dürfen, was die Moral der antiken Welt als
das vornehmste Laster des Epicureismus gebrandmarkt hat. Das
ist der moralische Gehalt der obligatorischen Civilehe für das
öffentliche Leben, und aus diesem Grunde ist diese Form der fa=
cultativen Civilehe, die in Nordamerika gilt, vorzuziehen. Denn
hätten wir die facultative Civilehe, dann würden eben jene Kreise
der Bevölkerung, bei welchen die Erweckung des staatsbürger=
lichen Pflichtbewußtseins am nöthigsten und wirksamsten ist, sich
mit der kirchlichen Form, welche dieses moralischen Elementes ent=
behrt, begnügen. Es wäre auch gewiß ganz heilsam, wenn der
Standesbeamte angewiesen würde oder auch aus eigenem Antriebe

sich verpflichtet hielte, diesen staatsbürgerlichen, sittlichen Ernst des Civilactes den jungen Leuten ans Herz zu legen. Ich halte es nicht für eine Zierde des deutschen Civilstandsgesetzes, daß es da, wo der Code Napoleon den moralischen Gehalt des Civilactes ausdrücklich betont haben will, völlig verstummt. Anders freilich denkt Professor Sohm, der in Straßburg deutsches Recht zu lehren hat; derselbe empfiehlt, der bürgerlichen Handlung bei der Beurkundung der Eheschließung „den Character juristischer Nüchternheit aufzudrücken". Indessen wenn zwei Menschen vor dem Reichsbeamten sich das bindende Ja geben für die Ewigkeit, so ist das eine sittliche Handlung eminenter Art und mir scheint es eine juristische Versündigung gegen die Moral zu sein, wenn man behauptet, daß es sich dabei lediglich „um eine Formalität, um die Abschließung eines Geschäftes handelt". Freilich die Hierarchie geht sehr darauf aus, den Civilact, den sie nun nicht mehr hindern kann, aller inneren Bedeutung und Würde zu entkleiden, aber Rechtslehrer sollten doch mehr Respect haben vor der sittlichen Natur des Reiches und Gesetzes, um nicht solchen reichsfeindlichen Tendenzen Vorschub zu leisten.

Unser Ergebniß ist, daß die Einführung der obligatorischen Civilehe in vollem Einklang steht mit demjenigen Begriff vom Staate, den Luther im Kampf mit der Hierarchie wieder ans Licht gebracht hat. Und gleicherweise behaupte ich, wir würden das Reichscivilstandsgesetz nicht haben, wenn nicht dasselbe auch im Einklang stände mit dem christlich-protestantischen Begriff von der Kirche. Vor dem Civilstandsgesetz war die allgemeine Regel, daß die gesetzliche Anerkennung einer Eheschließung abhängig war von der kirchlichen Trauung. Es war demnach Allen, welche in die Ehe treten wollten, der Zwang auferlegt, an einer kirchlichen Handlung sich zu betheiligen. Nachdem nun Strauß öffentlich ausgerufen, „wir sind keine Christen mehr", kann ja Niemand daran zweifeln, daß es unter unseren Zeitgenossen Viele giebt, welche mit der Kirche vollständig gebrochen haben und deßhalb an einer kirchlichen Handlung nur Theil nehmen, wenn sie dazu gezwungen sind. Manche sind nun der Meinung, daß die Civilehe lediglich aus Rücksicht auf diese Abgefallenen eingeführt worden sei und sehen dann darin eine Bevorzugung dieser Unkirchlichen auf Kosten der Kirchlichen. Aber diese Rücksicht hätte sicherlich nicht die Zustimmung der deutschen Regierungen zu einem allgemein verbindlichen Reichsgesetz gefunden, wenn nicht zugleich auch der Gedanke maßgebend gewesen wäre, daß es im wahren Interesse der Kirche ist, überhaupt den Zwang aufzuheben und die Freiheit nicht bloß als eine stumme und ruhende vorauszusetzen, sondern für eine kirchliche Handlung das selbstbewußte und ausgesprochene Verlangen der Betreffenden zu fordern. Dieser Gedanke ist ein Grundbestandtheil des ursprünglichen Christenthums. Die vorchristlichen Religionen beruhen alle mehr oder weniger auf Unfreiheit, das Christenthum dagegen hat zur Voraussetzung die freie Entscheidung jedes Einzelnen. Mit Recht beriefen sich daher die Donatisten den Staatskirchlichen gegenüber auf das Wort Christi, mit welchem er auch den 12 Aposteln es frei stellt, von ihm zu gehen. Seit Constantin verschwindet dieses urchristliche Freiheitsbewußtsein immer mehr, bis Luther es wieder wach ruft. In der That wie eines Wächters Ruf, der einen neuen Tag verkündigt, erschallt Luthers Stimme: „Gott läßt oft in der Schrift bezeugen, er wolle keinen gezwungenen Dienst und soll Niemand sein werden, er thue es denn mit Lust und Liebe. Hilf Gott, haben wir denn nicht Sinne und Ohren? Ich sage abermal: Gott will nicht gezwungenen Dienst haben; ich sage zum britten Mal, ich sage hunderttausend Mal: Gott will keinen gezwungenen Dienst haben". Und dennoch ist diese mächtige Stimme nicht stark genug gewesen, den Protestantismus wach zu erhalten. Es dauert nicht lange, da wird auch innerhalb der protestantischen Kirche der staatskirchliche Zwang für die heiligen Handlungen weiter fortgesetzt. Freilich hat auch Luther selbst sich nicht immer auf der Höhe der Freiheit erhalten, auch für ihn gab es Zeiten, in denen ihm, wie John Milton sagt,

Constantin als Polarstern kirchlicher Entwickelung leuchtet; ja zuweilen beherrscht ihn die urchristliche und die staatskirchliche Anschauung zu gleicher Zeit, wie in der Vorrede zum kleinen Katechismus. Luther selber klagt ja, daß er noch immer nicht ganz genesen sei von den töbtlichen Gebrechen des mittelalterlichen Kirchenthums. Kein Wunder also, daß wir ihn hie und da noch in den alten Finsternissen befangen finden. Man kann aber glücklicherweise bei Luther Altes und Neues sehr wohl unterscheiden und es giebt für seine alten Irrthümer keine bessere Correctur, wie seine eigenen Wahrheiten, die mit dem deutlichen Stempel eines höheren Ursprunges bezeichnet sind. Natürlich muß man das Gegentheil von dem thun, dessen die Neulutheraner sich unterfangen, welche den neuen Luther durch den alten zu ertödten suchen. In Bezug auf den hier vorliegenden Gegenstand ist es jedenfalls ein Glück, daß wir für Freiheit in Betreff der kirchlichen Weihe der Eheschließung einen vollkommen classischen Ausdruck von Luther überliefert erhalten haben. Nachdem Luther in dem Traubüchlein, welches, wie schon bemerkt, in der ältesten Zeit des Lutherthums symbolisches Ansehen genoß, zuerst mit vollem Nachdruck die Ordnung der Eheangelegenheit gänzlich der weltlichen Obrigkeit anheim gegeben, fährt er fort: „aber so man von uns begehrt, zu segnen, zu beten oder auch zu trauen, sind wir schuldig, dasselbe zu thun". „Aber so man von uns begehrt", sagt Luther, damit ist nicht bloß der Zwang ausgeschlossen und die Freiheit vorausgesetzt, sondern dieses Wort verlangt auch die Offenbarung des freien Entschlusses ganz entsprechend der ursprünglichen Natur des Christenthums. Die obligatorische Civilehe ist eine Einrichtung, welche ganz geeignet ist, dieses Moment des freien Begehrens auf eine möglichst reine Weise zur Erscheinung zu bringen. Da der Civilstandsact allen rechtlichen Forderungen Genüge leistet, so hat man Grund anzunehmen, daß das Verlangen nach dem kirchlichen Segen nicht aus einem weltlichen Motiv entsprungen ist. Ferner: indem das Civilstandsgesetz die kirchliche

Weihe der Eheschließung unter die Bedingung des freien Begehrens stellt, bereitet dasselbe durch die kirchliche Freiheit auch der kirchlichen Wahrheit wiederum die Bahn. Der bisherige kirchliche Zwang ist der Erzeuger der kirchlichen Unwahrheit. Denn was vor einigen Jahren der österreichische Cultusminister von Haßner sagte: „Der Zwang in der Kirche bringt nur den Schein der Frömmigkeit zu Wege", versteht Luther noch etwas kräftiger auszudrücken. Luther wendet sich an diejenigen, welche mit Zwang in der Kirche regieren und befehlen wollen und sagt ihnen: „ihr treibet die schwachen Gewissen mit Gewalt, zu lügen, zu verleugnen und anders zu sagen, denn sie es im Herzen halten, und beladet euch selbst also mit greulichen, fremden Sünden. Denn also die Lügen und falsch Bekenntniß, die solch schwach Gewissen thun, gehen über den, der sie erzwinget". Luther muß also die Urheber des Reichsgesetzes vom 6. Febr. 1875 segnen, daß sie durch die Aufhebung des kirchlichen Zwanges an ihrem Theil geholfen haben, daß der Lüge und des falschen Bekenntnisses in dem Heiligthum weniger werde. Das freilich wird Niemand erwarten dürfen, daß mit diesem Gesetz der kirchlichen Unwahrheit mit einem Schlage ein Ende gemacht werde. Selbst in die apostolische Kirche hat die Heuchelei Eingang gefunden. Nun aber ist durch den langen staatskirchlichen Zwang die Unwahrheit so massenhaft in die Kirche eingedrungen, daß sie Vielen ganz unbewußt anhaftet. Aber durch die Aufhebung des Zwanges ist wenigstens die Hauptquelle dieses unreinen Stromes abgeleitet.

Uebrigens reicht das heilige Interesse der kirchlichen Wahrhaftigkeit, welches durch das vorliegende Gesetz geschützt wird, weit über die Civilehe hinaus. Es ist natürlich, daß man bei diesem Gesetz immer vorzugsweise die Civilehe im Auge hat, weil der Civilact auf dem Gebiet der Ehe die meisten Veränderungen bewirkt. Aber ich freue mich, daß man in dem Civilstandsgesetz ein allgemeines Prinzip der kirchlichen Freiheit anerkennt, obwohl in diesem Gesetz ausdrücklich nur in Bezug auf die kirchliche Weihe der Eheschließung der Zwang ausgeschlossen ist. Ein bedeutsames und entscheidendes Zeichen für die Wirkung des allgemeinen Prinzipes kirchlicher Freiheit ist das Verhalten des mecklenburgischen Kirchenregiments. Der Leiter desselben, der Oberkirchenrath Kliefoth hat bisher ähnlich wie der Papst im 24. § des Syllabus den Grundsatz vertreten, daß der weltliche Arm für Aufrechthaltung der kirchlichen Ordnungen einzutreten habe. Noch am 20. Februar 1875 weigerte sich der mecklenburgische Oberkirchenrath in einem amtlichen Schreiben, in Folge des Reichsgesetzes vom 6. Februar 1875 die Freiheit der Kindertaufe anzuerkennen. Inzwischen ist aber die Erkenntniß dieses Kirchenregimentes gewachsen, das einzige Verdienst der sonst sehr anfechtbaren kirchenregimentlichen Instruction vom 4. Nov. 1875 besteht in der Voraussetzung, daß durch das Civilstandsgesetz auch die Taufe und Confirmation dem bisherigen Zwange entnommen sind. Und ich darf wohl annehmen, daß, wenn das mecklenburgische Kirchenregiment den Geist unseres Gesetzes so versteht, daß durch § 42 die Freiheit der kirchlichen Handlungen überhaupt zum Prinzip erhoben ist, überall kein Widerspruch gegen diese Auffassung des Gesetzes zu erwarten ist. Wir dürfen also annehmen, daß durch die bürgerliche Beurkundung der Geburten die Taufe der Kinder dem freien Ermessen der Eltern anheimgegeben ist und als eine weitere Selbstfolge dürfen wir es ansehen, daß für das erste Stadium der Mündigkeit unserer heranwachsenden Jugend, also für die Entlassung aus der Schule, das Zeugniß von der Aufnahme derselben in das volle Bürgerrecht der kirchlichen Gemeinde von dem deutschen Reiche nicht mehr für nothwendig erachtet wird; mithin auch die kirchliche Confirmation der persönlichen Freiheit der Betheiligten überwiesen ist. Zur Abwehr der unheiligen Lüge, zur Förderung der kirchlichen Wahrhaftigkeit! Diejenigen, welche jetzt über die Abnahme der Taufen in den großen Städten ein heiliges Zetergeschrei erheben, sollten nur nicht vergessen, welch eine Seelenqual einem gewissenhaften Prediger auferlegt war, wenn er bei den massenhaften Taufen in manchen Häusern schon an der äuße ten Zurüstung ober an dem augenscheinlichen Mangel jeder Vorbereitung sofort wahrnehmen mußte, daß es nicht bloß an allem Sinn für das Heiligthum gebrach, sondern daß auch ein offenbarer Widerwille dagegen vorhanden war. In der That neben dem Kummer über zunehmendes Heidenthum darf die Freude über das Abnehmen kirchlicher Unwahrhaftigkeit nicht fehlen. Die Befreiung von dem Zwang der Confirmation verdient aber noch eine besondere Berücksichtigung. Bei der Confirmation thut die heranwachsende Jugend unter uns zum ersten Mal in selbstständiger Weise den Mund auf, sie spricht in ihrem Leben das erste feierliche Wort; sie wird gefragt nach dem innersten Geheimniß des Herzens, sie wird aufgefordert, das Gelübde der Treue gegen ihren Heiland abzulegen, auf Beides wird Angesichts der Gemeinde Antwort von ihr begehrt. So lange nun keine Entlassung aus der Schule und kein Eintritt in das öffentliche Leben ohne die kirchliche Confirmation möglich war, mußte von Allen auf jene beiden Fragen mit Ja geantwortet werden, für das Nein gab es keinen Raum in der bürgerlichen Gesellschaft. Wir haben uns in diese bisherige Einrichtung so eingelebt und verfestet, daß man über die innere Natur derselben in der Regel nicht weiter nachdachte und deshalb den wahrhaft entsetzlichen Ungeist, der in dieser Einrichtung verborgen ist, gar nicht wahrnahm. So thue man nun doch jetzt die Augen auf und bedenke das Folgende. Der Kirche kann es nicht entgehen, daß man unmöglich bei allen 13= und 14jährigen Knaben und Mädchen in dieser unserer Zeit im wahren und ehrlichen Sinn christlichen Glauben und christliche Treue vorauszusetzen berechtigt ist. Deßungeachtet mußte bisher die Kirche unter dieser Voraussetzung handeln und darunter mußte nothwendig die ganze Handlung leiden. Denn wo kein Nein möglich ist, da wird das Ja in seinem Werth und Gehalt geschädigt. Schlecht also und gewissenlos wacht die Staatskirche über den heiligen Ernst des ersten Wortes, zu welchem sie ihre Jugend anleitet! Wer das Leben der gegenwärtigen Gesellschaft beobachtet, wird oft auf das Schmerzlichste berührt von der Wahrnehmung, daß die Wahrhaftigkeit immer mehr aus dem Munde der Menschen schwindet und Manchem mag wohl bei dieser traurigen Wahrnehmung das Wort des Dichters in den Sinn kommen:

> Fürwahr es muß die Welt vergehn,
> Vergeht das feste Männerwort.

Die Kirche, welche bis dahin das erste feierliche Ja ihrer Kinder so schlecht behütet hat, darf sich von einer schweren Mitschuld an diesem tiefen Verderben der gegenwärtigen Gesellschaft nicht frei sprechen. Hoffen wir denn, daß, da auch in diesem Heiligthum der Geist unseres Gesetzes die Hauptursache der kirchlichen Unwahrheit abgegraben hat, die Stärkung der kirchlichen Wahrhaftigkeit allmählig auch der Ueberschwemmung des geselligen Verkehres durch Falschheit und Lüge einen Damm entgegensetzen werde.

Ich habe den Geist des Civilstandsgesetzes zu enthüllen gesucht, jetzt kann ich ihn nennen, es ist der Geist des protestantischen Christenthums, aber unter dem Schleier der Unbewußtheit. Das protestantische Christenthum hat im Staat das Recht der Souveränetät, in der Kirche die Freiheit und Wahrhaftigkeit auf's Neue offenbar gemacht. Wir haben uns überzeugt, daß dieses Reichsgesetz mit den genannten Grundsätzen des Protestantismus in Einklang steht und die dadurch verbürgten hohen Güter in Schutz nimmt und an seinem Theile fördert, ohne jedoch auf die religiösen Motive zurückzugehen, von denen getragen das Zeitalter der Reformation jene hohe Offenbarung der Welt verkündigte. Aus diesem Grunde nenne ich den Geist dieses Gesetzes unbewußten Protestantismus. Es soll diese Bezeichnung aber nicht so verstanden werden, als enthalte dieses Gesetz eine Rücksichtslosigkeit gegen die katholischen Reichsbürger. Denn jene drei hervorgehobenen Grundsätze oder Güter sind nur in dem Sinne protestantisch, als dieselben durch die Reformation aus dem durch das Papstthum vergrabenen Schatze des Urchristenthums wieder ans Licht gebracht sind. So weit also unsere katholischen Reichsgenossen mit Ernst christlich sein wollen, und nicht bloß römisch oder päpstlich, müssen sie diese Grundsätze gleichfalls anerkennen und diese Güter mit uns in Ehren halten. Ist es doch auf anderen Gebieten ebenso. Unsere deutsche classische Literatur ist doch unleugbar vorzugsweise auf protestantischem Boden gewachsen. Da aber unsere Classiker ebenso wie das vorliegende Gesetz weit entfernt sind, sich von dem hellen Bewußtsein des protestantischen Christenthums bestimmen zu lassen, so stammt unsere classische Literatur ebenfalls aus dem Geiste des unbewußten Protestantismus. Dieser Charakter hält aber die deutschen Katholiken nicht ab, die Producte dieses classischen Geistes zu genießen. Aehnliche Bewandtniß hat es mit den allgemeinen Grundsätzen der politischen Freiheit. Denn man wird es nicht bestreiten können, daß die verfassungsmäßige politische Freiheit bisher legitimen Ursprung, Gedeihen und Bestand nur da gefunden hat, wo die protestantische Kirchenfreiheit ihr den Boden zubereitet hatte. Und doch wissen unsere katholischen Volksvertreter die Grundsätze dieser politischen Freiheit sehr gut zu gebrauchen und zu verwerthen. Gleicherweise können und sollen sie das Reichscivilstandsgesetz ehren, befolgen und gebrauchen; ihr katholisches Christenthum wird sie daran so wenig hindern, daß vielmehr die Geltung dieses Gesetzes dazu dienen wird, ihr päpstliches Kirchenthum von gewissen unchristlichen Makeln zu reinigen.

Nun aber soll unser Gesetz sich behaupten und wirken in einer Welt des bewußten Anti-Protestantismus in positiver und negativer Richtung. Dem gegenüber genügt nicht ein Geist des unbewußten Protestantismus, ein Geist der in dem Gesetze selber nicht zu Worte kommt. Unter diesen Umständen muß dem Gesetz Hülfe und Beistand werden von Solchen, in denen dieser Geist selbstbewußt lebt und waltet, auf daß diese, was in dem Gesetz stumm und verborgen liegt, offenbar machen. Und nach denen, die vor allen Anderen diesen Beruf haben, brauchen wir uns nicht lange umzusehen, es sind ohne Zweifel die Männer, welche innerhalb des Protestantismus das Amt des öffentlichen Wortes haben; in ihnen muß wenn irgendwo der Geist des selbstbewußten Protestantismus wohnen; diese sind die berufenen Dolmetscher und

Vertheidiger dieses Gesetzes. Hören wir einen Solchen, wie er sich ausspricht über den früheren Zustand, dessen Beseitigung unser Gesetz anzubahnen bestimmt ist. Derselbe nennt diesen früheren Zustand „das mißlungene Ehebündniß zwischen Staat und Kirche" und fährt fort: „wie bei uns Deutschen eine Veränderung zum Besseren geschehen soll, ich weiß es nicht. Bis aber Etwas von dieser Art geschieht, werden von einem harten Geschick alle heiligen Seelen gebeugt, welche von der Glut der Religion durchdrungen ihr Heiligstes darstellen und Etwas damit ausrichten möchten". So hat Einer gerufen, ehe dieses unser Jahrhundert geboren ward. Und wie würde Schleiermacher gejubelt haben, wenn er den 6. Februar 1875 erlebt und nun gesehen hätte, wie in Deutschland eine Wendung zum Besseren gesetzlich eingeleitet wäre!

Wie steht es denn in unserer Gegenwart? Horchen wir hinein in eine Versammlung von kirchlichen Notabeln ersten Ranges. Es sind 31 Abgeordnete der deutschen evangelischen Kirchenregimente, welche im August v. J. zusammengetreten waren, um über die kirchlichen Folgen des Reichscivilstandsgesetzes Raths zu pflegen. Sie tagen auf und unter der Wartburg, wo Alles an den Mann erinnert, der mit seinem „Jobelhorn" das Jahr der Erlösung aus der babylonischen Gefangenschaft angekündigt hat. Ich habe die in der Cotta'schen Buchhandlung erschienenen Protocolle dieser außerordentlichen Kirchenconferenz mit Aufmerksamkeit gelesen, aber nicht einen einzigen Freudenlaut habe ich gefunden, der an den Geist Luthers und Schleiermachers erinnert hätte. Ich muß gestehen, ein traurigeres Zeichen unserer kirchlichen Gegenwart kenne ich nicht, wie dieses Verstummen des protestantischen Geistes in dieser Versammlung, an diesem Ort und zu dieser Zeit. Und was für Beschlüsse sollen wir erwarten von einer Versammlung, welcher zur Begrüßung der Morgenröthe kirchlicher Freiheit und Wahrhaftigkeit kein Wort zu Gebote steht? Der erste Beschluß der Conferenz erklärt, daß die nach staatlichem Gesetz erfolgte Eheschließung „rückhaltslos als vollgültige Ehe anzuerkennen ist". Ich wundere mich nur, daß das, was sich innerhalb des Protestantismus von selbst versteht, noch erst feierlich beschlossen werden muß. Freilich noch schlimmer ist es, daß diese rückhaltslose Anerkennung nicht einmal Stand hält. Denn was hat der gegen 4 Stimmen durchgesetzte Zusatz: „eine verschiedene Fassung der Trauungsfragen, je nachdem die Trauung sofort dem bürgerlichen Eheschließungsact folgt oder nicht, ist berechtigt" zu bedeuten? Der verborgene Sinn dieser verschämten Worte ist, daß es unter Umständen berechtigt sein soll, die in die „vollgültige" Ehe eingetretene Frau als Jungfrau und mit ihrem Vaternamen anzureden! Man pflegt sich für diese Erlaubniß auf die Sitte am Rhein zu berufen. Allein sehr richtig hat Dr. Brückner auf dieser Conferenz bemerkt, daß die Rheinprovinz die Civilehe aus der Hand des nationalen Feindes empfangen und dem gegenüber im nationalen Interesse die heimischen Ordnungen möglichst intact zu halten gesucht hat. Jetzt ist ja die Sache eine ganz andere, die Civilehe wird von den gesetzgebenden Factoren des deutschen Reiches eingeführt. Und dennoch ist es derselbe Herr Dr. Brückner, der den Antrag auf jene Berechtigung gestellt hat, der die „Vollgültigkeit" der Ehe wieder aufhebt. Es geziemte den hohen Kirchenmännern, anstatt unklaren Sentimentalitäten öffentliche Berechtigung zu ertheilen, die Majestät des Gesetzes zu voller Anerkennung zu bringen und mit gebührendem Ernst darauf zu bestehen, daß vor dieser Majestät alle bisherige Sitte sich zu beugen habe. Und ist es nicht ein werthvolles Geschenk für die Kirche, durch volle Anerkennung des gesetzlichen Titels der Ehefrau über die in diesem Gebiete waltende, so oft ärgernißgebende Casuistik hinwegzukommen? Außerdem muß man von der evangelischen Kirche ein Mehreres verlangen, als was der erste Beschluß dieser Conferenz über die formelle Vollgültigkeit der Civilehe aussagt. Die rechtliche Vollgültigkeit der Civilehe kann auch die päpstliche Kirche nicht antasten, aber sie belastet dieselbe mit einem sittlichen Makel, wie selbst Bischof Hefele in seinem jüngsten Hirtenbrief zu thun nicht hat unterlassen dürfen. Es wäre der Wartburg würdig gewesen, wenn die Conferenz die sittliche Qualität einer dem Reichsgesetz gemäß geschlossener Ehe gegen die Satzung des Papstthums in Schutz genommen hätte.

Der Hauptkampf wogt aber um das Stichwort, welches der Geistliche an die durch den Civilact hindurchgegangnen Eheleute zu richten hat, soll er bloß segnen, oder soll er auch bestätigen oder gar zusammensprechen? Es ist höchst charakteristisch, aber auch eben so traurig, wie diese Hauptfrage im vorigen August unter der Wartburg entschieden ist. Die Frage war bereits vielfach verhandelt und hatte eine bedeutsame Vorgeschichte. Die neulutherische Partei hatte schon im Jahre 1874 erklärt, die kirchliche Feier der Eheschließung könne sich mit der Segnung nicht begnügen, sie bestehe jedenfalls in einem Handeln, „die kirchliche Trauung besteht nicht bloß in Benediction, sondern bleibt Act der Initiation der christlichen Ehe", so decretirt die neulutherische „Denkschrift". Diese Auffassung findet in der Formel des Zusammensprechens ihren adäquaten Ausdruck. Da nun auch in der preußischen Landeskirche viele und gewichtige Stimmen für diese Auffassung sich vernehmen ließen, so nahm der Oberkirchenrath in Berlin davon Anlaß, sich gegen das Zusammensprechen zu erklären, weil diese Formel nach dem vorausgegangenen Civilact nicht mehr der Wahrheit entsprechend sei. Im Einklang mit diesem Erlaß des preußischen Oberkirchenraths vom 21. Nov. 1874 sprechen alle 3 Referenten auf der Conferenz zu Eisenach sich für das Segnen aus und gegen das Zusammensprechen. Trotz alledem hat die Zulassung des Zusammensprechens in Eisenach den Sieg davon getragen, bei der ersten Abstimmung gegen 6, bei der Schlußabstimmung gegen e i n e Stimme, welche wie bekannt geworden Dr. Schwarz von Gotha abgegeben. Die Führung der Opposition gegen die 3 Referenten übernahm Dr. Kliefoth und ihm schlossen sich an der Präsident von Harleß und Dr. Uhlhorn, und so geschah es hier wie schon oft, daß die kirchliche Mittelpartei der strafferen Haltung des Neulutherthums gegenüber in schwächlicher Haltlosigkeit ihren Posten Preis gab. Es ist in Eisenach nicht ganz verschwiegen, daß die Formel des Zusammensprechens mit dem Gesetz in unlösbarem Widerspruch steht. Der Consistorialrath Hermes hat gesagt: „das Volk versteht unter dem Zusammensprechen nichts Anderes als die Begründung der Ehe", und Dr. Schwarz erklärt: „die Formel des Zusammensprechens enthält eine vis effectiva". Beide Bemerkungen sind unanfechtbar und beweisen, daß die Formel des Zusammensprechens den Thatbestand, den der Standesbeamte constatirt hat, indem er nach § 52 unseres Gesetzes „die Beiden für rechtmäßig verbundene Eheleute" erklärt, aufhebt, um die nunmehr Unverbundnen nicht etwa nur für verbunden zu erklären, sondern diese Verbindung zu stiften und zu schaffen. Die Conferenz setzt aber den Fall, daß „nach geschichtlichen oder sonstigen besonderen Verhältnissen an der Zusammensprechung festgehalten werden muß". Das einzige Muß, welches hier Geltung hat, ist das Gesetz vom 6. Febr. 1875 und die beiden §§ 42 und 52 verbieten alles Zusammensprechen der Eheleute vor dem Altar. Das unklare Conglomerat von „geschichtlichen oder sonstigen besonderen Verhältnissen" hat sich natürlich ganz einfach dem Buchstaben des Gesetzes unterzuordnen. Freilich soll „die Formel des Zusammensprechens durch genügende Erläuterung und sonstige Belehrung vor Mißverständnissen bewahrt werden". Wenn man nur gleich die Anweisung hinzugefügt hätte, wie man durch genügende Erläuterung und Belehrung Ja und Nein mit einander auszugleichen habe! Wir haben uns überzeugt, daß das Gesetz vom 6. Febr. 1875 geeignet ist, der kirchlichen Lüge zu wehren und die kirchliche Wahrhaftigkeit zu fördern. Wenn man aber die kirchlichen Folgen dieses Gesetzes so versteht und behandelt, wie die beiden Beschlüsse der Conferenz 6 und 7 über die Trauform, dann werden in Folge dieses Gesetzes neue Zweideutigkeiten und Unwahrheiten in das Heiligthum eingeführt. Und das soll eine kirchliche, unter der Wartburg beschlossene Ausführung des Reichsgesetzes sein.

Es ist sehr erklärlich, daß nach diesem Sieg des Neulutherthums über den preußischen Evangelismus die Formel des Zusammensprechens unter den Strengen beträchtlich an Ansehen gewann. Baiern, Sachsen und Mecklenburg haben sich das in Eisenach eroberte Zusammensprechen nicht nehmen lassen; Baiern und Sachsen mit einiger Bezugnahme auf den vorhergehenden Civilact, Mecklenburg mit möglichster Rücksichtslosigkeit gegen die vorhergehende gesetzmäßige Handlung. In Baiern soll nach dem Erlaß des protestantischen Oberconsistoriums auf Grund der Genehmigung des Cultusministers vom 1. Dec. 1875 das Zusammensprechen durch den Zusatz: „zur christlichen Führung eures Hausstandes" etwas gemäßigt werden; in Sachsen nach der Verordnung des Landesconsistoriums vom 30. Nov. 1875 durch den Zusatz: „auch an dieser Stelle". Diese Zusätze bedeuten allerdings eine gewisse Geneigtheit dem Gesetze gerecht zu werden, aber dem Wollen fehlt das Vollbringen. Die Worte des Geistlichen „ich spreche euch zusammen" übertönen alles Andere und deshalb löschen sie den bescheidenen aber gesetzmäßigen Ausspruch des Standesbeamten aus der Erinnerung. Die sächsische Formel beruht außerdem noch auf einem Irrthum, denn der Standesbeamte hat nicht zusammengesprochen, sondern lediglich den rechtmäßigen Thatbestand der Ehe verkündigt; seine Thätigkeit ist eine bloß declaratorische, während dem Zusammensprechen, wie Schwarz richtig sagt, eine vis effectiva innewohnt. Wir können also nicht umhin, die bairischen und sächsischen Formeln trotz der versuchten Modificationen wegen des Zusammensprechens für ungesetzlich zu erklären. Aber wie viel mehr die Instruction des mecklenburg-schwerinschen Oberkirchenraths vom 4. Nov. 1875! Der absolutistisch hierarchische Character dieser Instruction verräth sich schon von vornherein dadurch, daß sie im Widerspruch mit der Landesverfassung, also auf ungesetzlichem Wege zur Welt gekommen ist. Denn nach dem geltenden Grundgesetz darf in den kirchlichen Ordnungen Nichts geändert werden ohne Zustimmung des Landtages. Nun ist aber die Instruction vom 4. Nov. 1875, welche sehr starke in das kirchliche Leben eingreifende Neuerungen enthält, nicht einmal dem Landtag vorgelegt worden. Was nun den Inhalt dieser Instruction anlangt, so hat dieselbe für den kirchlichen Act der Eheschließung ein Ritual vorgeschrieben, welches durch 9 entscheidende Ausdrücke die durch den Standesbeamten gesetzmäßig verkündigte Ehe nicht bloß ignorirt, sondern sogar annullirt. Die Instruction betont, daß das bisherige Ritual in allen Beziehungen seine Geltung behält mit der alleinigen Ausnahme, daß in dem Trauformular 2 Worte ausgelassen werden. Dieses Verschweigen zweier Worte, was natürlich in den meisten Fällen gar nicht bemerkt wird, ist das einzige Opfer, welches bei der kirchlichen Weihe der Ehe dem Reichsgesetz dargebracht werden darf. Daß in dieser Umgebung auch die Jungfrau und der Vatername helfen müssen, den Civilact wo nicht aus dem Dasein, jedoch aus dem Gedächtniß möglichst zu verwischen, ist wohl selbstverständlich. Daß endlich nach diesem Allen das Wort: „ich spreche euch ehelich zusammen", nicht bloß ungesetzlich ist, sondern mit einem gewissen Trotz gegen die §§ 42 und 52 auftritt, bedarf einer weiteren Begründung nicht.

Es ist also Thatsache, daß in hervorragenden Landeskirchen für die kirchliche Weihe der Eheschließung eine Formel vorgeschrieben und bereits in Uebung ist, welche mit dem Reichsgesetz nicht vereinbar ist. Es ist aber diese Ungesetzlichkeit auf das genannte Kirchengebiet nicht beschränkt. Es wird behauptet, daß das Zusammensprechen auch nach Einführung des Civilgesetzes außer am Rhein, auch in Schleswig-Holstein, Hannover und Hessen üblich ist, daß trotzdem, daß der Oberkirchenrath am 15. October 1875 sein Verbot wiederholt hat, auch in den östlichen preußischen Provinzen diese Formel sehr häufig gebraucht wird, was auch sehr glaubwürdig erscheint, wenn man bedenkt, daß 65 hochansehnliche Mitglieder der jüngsten Generalsynode sich an den König um Gestattung dieser ungesetzlichen Formel gewendet haben. Aber vielleicht noch trauriger ist der Umstand, daß das angesehenste evangelische Kirchenregiment, welches sich verhältnißmäßig am correctesten verhalten hat, dem hierarchischen Andrängen des Neulutherthums nicht den nöthigen Widerstand entgegenzusetzen wagt. Waren nicht 3 Vertreter des preußischen Kirchenregimentes in Eisenach und haben sie schließlich nicht dem verbotenen Zusammensprechen einen Legitimationsschein ausgestellt? Und in den letzten Tagen bringen die Zeitungen die Nachricht, daß der preußische Oberkirchenrath auf eine bestimmte Anfrage die Erlaubniß ertheilt hat, die nach § 52 für Eheleute Erklärten am Altar als Brautleute anzureden. Auch der Oberkirchenrath in Berlin ist keine Kirchensäule! Findet man doch auch in den wortreichen Erlassen dieser hohen Behörde für die Christenfreude über den Anfang der Erlösung von dem Banne des Zwanges und der Lüge, von diesem Greuel an heiliger Stätte, keinen Ausdruck!

Es ist also der thatsächliche Widerstand gegen das Reichscivilstandsgesetz auf dem Gebiete der evangelischen Landeskirchen in voller Blüte und nur ein geringer Trost ist es, daß in dieser großen kirchlichen Wüste einzelne Territorien wie Gotha, Meiningen und Bremen kleine Oasen bilden. Nun gesellt sich zu dieser ungesetzlichen kirchenregimentlichen und pastoralen Praxis auch noch die gelehrte Theorie. Mir liegen 4 Leistungen vor: 2 Bücher von Professor Sohm, eins von Professor Cremer und eine Abhandlung von Professor Heppe im 13. Bande der Zeitschrift für Kirchenrecht von Dove. Professor Heppe hat es nicht für nöthig gehalten, über die vorliegende Frage die Schätze seiner kirchengeschichtlichen Gelehrsamkeit aufzuthun, er spricht auf Grund seiner geltenden Autorität kurzweg das Urtheil aus: „die bisherigen Trauformulare sind auch nach dem Gesetz vom 6. Febr. 1875 beizubehalten". Es ist unbegreiflich, wie die Protestantische Kirchenzeitung sich hat verleiten lassen können, in diesem Spruch eines Gelehrten, der an seinem Schreibtisch von dieser brennenden Frage der kirchlichen Gegenwart wenig versteht, einen letzten Bescheid in diesem Streite zu erkennen. Die beiden anderen Professoren errichten ihren Widerspruch gegen die correcte Ausführung unseres Gesetzes in der Kirche auf einem großen Apparate gelehrter Nachweisungen. Die beiden Männer stehen ihrer Grundanschauung nach auf dem Standpunkt principieller Opposition gegen die jüngste deutsche Gesetzgebung. Bei Cremer fehlt es zwar nicht an einzelnen Ansätzen besserer Erkenntniß, aber schließlich landet er doch bei dem klerikalen Anathema der „modern=antiken Staatsvergötterung". Sohm stammt aus Mecklenburg und fällt über die kirchenpolitische Gesetzgebung in diesem Decennium dasselbe verdammende Urtheil, welches vor ihm der Oberkirchenrath Kliefoth und der verstorbene Consistorialrath Krabbe in besonderen polemischen Schriften ausgeführt haben. Er sieht in dieser Gesetzgebung „die Auslieferung der Kirche, nicht bloß der katholischen, sondern auch der evangelischen, an das Gutbefinden der staatlichen Verwaltung". Ein solcher voreingenommener Standpunkt ist schwerlich geeignet, das Civilstandsgesetz und seine kirchlichen Folgen unbefangen zu würdigen. Der Thurmbau juristischer und historischer Citate aus dem deutschen und kanonischen Recht hebt diesen Gelehrten so hoch, daß er schließlich in der Forderung der hergebrachten Trauformulare selbst Kliefoth überbietet und sogar jenes kleine Opfer, welches Kliefoth dem Civilact darzubringen für nöthig gehalten, verweigert. Es ist hier nicht der Ort, das staunenswerthe Kunstwerk, mittelst dessen dieses Resultat erbracht worden ist, zu kritisiren. Es genügt die Bemerkung, daß es nach Bartholb Niebuhr Gelehrte giebt, die durch ihre Bücher dermaßen vom Leben abgeschnitten sind, daß die Bücher ihnen die Wirklichkeit unsichtbar machen und daß dieser gelehrte Professor offenbar dieser Classe angehört. Hier kommt es mir nur darauf an zu constatiren, daß dieser Kanonist mit dem hergebrachten mecklenburgischen Trauritual selbst ohne die Purification Kliefoths dem Reichsgesetz vom 6. Febr. 1875 Trotz zu bieten wagt. Woran sich dann die andere Thatsache anschließt, daß die Pastoren und Kirchenregimente, welche das Zusammensprechen für die eigentliche Substanz der kirchlichen Weihe der Eheschließung halten, den Professor Sohm mit besonderer Vorliebe zu ihrem Anwalt machen. Noch sind wir, wie ich wiederholen muß, in der ersten Hälfte des Jahres, mit dessen Anfang die Einführung der Civilehe im deutschen Reiche gesetzlich geworden ist, und doch beweisen die angeführten Thatsachen, daß sich in der protestantischen Kirche bereits ein allgemeiner Widerstand gegen das Gesetz ausgebildet hat und daß sich dieser Ungehorsam hinter einem Wall von antiquarischer Gelehrsamkeit zu verschanzen sucht.

Die ganze Gefahr dieses Widerstandes übersehen wir aber erst dann, wenn wir uns überzeugen, daß der Vorwand, mit dem man diese Ungesetzlichkeit zu rechtfertigen sucht, noch schlimmer ist als die Ungesetzlichkeit selber. Man behauptet nämlich, die Beibehaltung der kirchlichen Formeln, namentlich der Gebrauch der Zusammensprechungsformel sei nothwendig, um die christliche Eheschließung zu retten. Man hat damit an ein hochheiliges Interesse der öffentlichen Moral appellirt und es begreift sich, daß diese Schutzrede eines allgemeinen Eindruckes nicht verfehlt und selbst den Vorwurf der Ungesetzlichkeit bei Vielen unwirksam macht. Aber hören wir nicht seit Jahren den heiligen Spruch: „man muß Gott mehr gehorchen als den Menschen"? Die Wahrheit dieses Spruches tasten wir nicht an, aber wir behaupten, daß er falsch angewendet wird und deshalb die Ungesetzlichkeit nicht rechtfertigt, sondern nur noch gefährlicher macht. Sollte es nicht ähnlich sein mit jener Berufung auf die christliche Ehe? Wer die Nothwendigkeit einer Wiedergeburt unseres Gesammtlebens erkennt und fühlt, kann die christliche Ehe gar nicht hoch genug schätzen. Aber wie ist es, wenn jene Formel nicht so wohl im christlichen als vielmehr hierarchischen Interesse gefördert wird und wenn nun dieses hierarchische Interesse nicht bloß das Christenthum nicht fördert, sondern zu einem neuen Pharisäerthum verfälscht?

Es ist eine zu ernstem Nachdenken auffordernde Thatsache, daß weder im alten noch im neuen Testament für die Eheschließung eine religiöse Weihe vorgeschrieben ist. Wir können sogar den Beweis führen, daß in der apostolischen Gemeinde das geistliche Amt bei der Eheschließung ganz unbetheiligt war. Hätte nämlich bei Eingehung jener Ehe, welche Paulus der korinthischen Gemeinde zum schweren Vorwurf macht, der Presbyter eine Function gehabt, so würde Paulus ohne Zweifel diesen vor allen Anderen verantwortlich gemacht haben. Da das nicht geschehen, so steht es fest, daß in der apostolischen Gemeinde die Eheschließungen nicht durch das geistliche Amt, nicht durch eine Cultushandlung, sondern wie alles Andere, wie Essen und Trinken, Thun und Lassen geheiligt wurden den Glauben und durch die Gesinnung. Vergebens hat daher Professor Cremer noch jüngst nach einer Spur von Cultushandlung bei der Eheschließung in der Bibel gesucht. Zunächst erhellt doch wohl soviel daraus, daß wir den sittlichen und religiösen Werth der Eheschließung nicht nach der Zahl der Cultacte und Ceremonien abschätzen dürfen; denn nach dieser Taxe würde die Eheschließung bei den heidnischen Griechen und Römern heiliger sein, als bei den Israeliten und ersten Christen. Offenbar wird von der Genesis bis zur Apokalypse die Heiligkeit und Gottgefälligkeit der Eheschließung in das innere und verborgene Geheimniß der rechten Gesinnung des Mannes und des Weibes gelegt. Das eheliche Verhältniß, wie es vor Gott recht ist, ist nach der Bibel bedingt durch diejenige persönliche Gesinnung, welche der göttlichen Bestimmung der beiden Geschlechter zu einander entspricht, und eben deshalb, weil diese göttliche Substanz der Ehe ganz und gar in das keusche Geheimniß der beiden Persönlichkeiten versenkt ist, bedarf es keiner weiteren äußeren Zuthat, um die Heiligkeit dieses Verhältnisses zur Darstellung zu bringen. Für uns Protestanten, denen die Bibel die einzige Kirchennorm ist, muß es demnach feststehen, daß für die Constatirung der Gottwohlgefälligkeit einer Eheschließung ein ritueller Act nicht nothwendig ist; und daß wir heilig verpflichtet sind, die Wahrheit und Rechtbeschaffenheit der Eheschließung zuerst und vor Allem in der reinen persönlichen Gesinnung der betreffenden Beiden zu suchen. Der altrömische Satz consensus mutuus facit matrimonium findet sich zwar in der Bibel nicht, empfängt aber in der biblischen Anschauung von der Ehe seine tiefste Begründung. Der Mann, der sich zur Ehe entschließt, ist nach der Schrift ein Mensch, „der Vater und Mutter verläßt", er beschreitet also die Stufe der vollendeten Selbstständigkeit. Wenn nun von diesem vollendeten Manne gesagt wird, daß er seinem Weibe anhängt, so wird vorausgesetzt, daß das Weib für ihn eine Anziehungskraft besitzt, welche seiner vollkommenen Selbstständigkeit genügt, daß das Weib also über das Thiergeschlecht, in welchem der Mensch nach der biblischen Erzählung keine Genüge gefunden, absolut erhaben und also gleichfalls eine menschliche Persönlichkeit ist. Das was im Anfang der biblischen Offenbarung stillschweigend vorausgesetzt wird, die vollendete ebenbürtige Selbstständigkeit und Persönlichkeit des Weibes, das erscheint am Ende als der enthüllte Abschluß der gesammten Menschheitsgeschichte; denn die vollendete Menschheit wird dargestellt als die himmlische Braut, die dem göttlichen Haupte der Menschheit vermählt wird. Wer also über die gegenwärtige Eheschließung christlich lehren will, der stelle sich in dieses biblische Licht und verschone uns mit den Vorbildern unerleuchteter und roherer Zeitalter. Die Formen der Uebergabe der Braut durch den Vater, durch den Vormund, durch den Fürsprecher beruhen alle auf einer Vorstellung, welche der vollen Selbstständigkeit und christlichen Ebenbürtigkeit des weiblichen Geschlechtes Abbruch thut und unser gegenwärtiges Bewußtsein beleidigt. Noch niedriger ist der Standpunkt, nach welchem die Braut gekauft wird und also wie eine Sache ist, über die man Handels einig wird und die dann feierlich übergeben wird, durch die Verlobung gekauft und durch die Trauung überliefert wird. Diese Alterthümer sind zwar an ihrem Ort für einen Gelehrten ohne Zweifel ganz schätzbar, aber Professor Sohm hätte nur nicht den Versuch machen sollen, durch diese Antiquitäten aus dem deutschen und kanonischen Recht die christliche Eheschließung im 19. Jahrhundert zu illustriren. Unser gegenwärtiges Bewußtsein gestattet es nicht, ein junges Mädchen, das zur Ehe schreitet, wie ein unmündiges, seiner selbst nicht mächtiges Wesen zu behandeln oder gar in die Rubrik des Sachenrechts zu registriren und glücklicherweise stimmt dieses unser Bewußtsein, wie wir gesehen, mit der biblischen Anschauung vollkommen überein.

Luther bricht durch die mittelaltrigen Finsternisse hindurch und schaut die Ehe in dem hellen Licht seiner aufgeschlagenen

Bibel. In dem von Seidemann herausgegebenen 6. Band der Briefe findet sich ein Document Luthers, welches die Ueberschrift hat: „Zeugniß Dr. M. L. Herrn Johann Aureus päpstlichen Priesters Ehestand betreffend". Dasselbe beginnt mit christlichem Gruß an alle Leser und schließt: „dessen sie von mir M. L. ein Zeugniß und Handschrift begehrt, wie ich denn nicht habe sollen solches versagen". Der Inhalt ist: „es sei wissend, daß dieser Johann Aureus und Katharina Detmarin nach göttlichem Recht sich ehelich genommen und vor diesen hernach genannten Zeugen solche Ehe bekannt haben". Nach diesem förmlich und öffentlich von Luther ausgestellten christlichen Zeugniß geben und nehmen die Eheleute sich gegenseitig und zwar nach einem Recht, das ihnen nicht durch Menschen vermittelt wird, sondern unmittelbar von Gott stammt. Dem entsprechend schreibt Luther ein anderes Mal: „der Pfarrer ist der, welcher Braut und Bräutigam segnet, bestätigt und bezeugt ihre Ehe, daß sie zuvor sich genommen haben". Dieses Geben und Nehmen ist ein rein persönliches Handeln der Beiden, welches um so lauterer ist, je strenger es alles Zusammensprechen Dritter von sich fern hält, und je nachdem die Gesinnung ist, aus welcher dieses Handeln der Beiden hervorgeht, bestimmt sich der innere Gehalt der Eheschließung. Wie die Reformation überhaupt den Schwerpunkt des religiösen und sittlichen Lebens nach innen verlegt, so auch in Bezug auf die Eheschließung. Die Apologie lehrt im 11. Abschnitt, daß die Eheschließung auf natürlichem Rechte der beiden Geschlechter beruht, daß aber dieses natürliche Recht zugleich Gottes Ordnung ist, welche Erkenntniß selbstverständlich nur dem Glauben zugänglich ist. Melanchthon hat es auch nicht für nöthig gehalten, in seinem Tractat de conjugio der kirchlichen Einsegnung der Ehe Erwähnung zu thun. Was Luthers eigene Eheschließung anlangt, so schreibt er an Jemand der ehelich werden wollte: „lieber Gesell thue wie ich, da ich meine Räthe nehmen wollte, da bat ich unsern Herrn Gott mit Ernst". Er holt sich also das göttliche Recht zur Ehe unmittelbar vom Himmel und empfängt dieses Recht nicht etwa von Bugenhagen. Was den Hergang bei Luthers Vermählung betrifft, so wissen wir nur so viel, daß sie eilig geschehen ist und kennen Luthers Grundsatz: „von nothwendigen Ceremonien bin ich kein Freund, den nicht nothwendigen bin ich geradezu Feind", und daß nach 14 Tagen von ihm ein Fest, um „das Siegel aufzudrücken und den Segen sprechen zu helfen" veranstaltet worden ist. Die Reformation verlegt also die sittliche Substanz der Eheschließung wiederum dahin, wo die heilige Schrift sie hingestellt hat, nämlich in die innerste Sphäre des persönlichen Bewußtseins, und eine kirchliche Weihe dieser Handlung ist nicht Gesetz, sondern nur freie, fromme Sitte, deren Werth lediglich durch die voraufgehende und begleitende Gesinnung bedingt ist.

Demnach ist es eitel frommer Schein, wenn man jetzt behauptet, die Christlichkeit der Eheschließung hänge ab von der kirchlichen Feier und namentlich von dem Zusammensprechen; die Satzung der neulutherischen „Denkschrift": „die kirchliche Trauung bleibt Act der Initiative für die christliche Ehe" ist eine neupharisäische Irrlehre. Wenn das Standesamt das Paar für rechtmäßig verbundene Eheleute erklärt, dann ist nach biblischer und protestantischer Lehre der innere Charakter dieser Ehe bereits entschieden. Je nachdem die Beiden ihr Ja in reinem oder unreinem Herzen, mit heiligem oder mit unheiligem Sinn gegeben haben, ist ihre Eheschließung eine christliche oder unchristliche. Haben sie sich, wie Luther lehrt, im Bewußtsein ihres göttlichen Rechtes gegenseitig gegeben und genommen, dann wissen sie in sich selber, daß ihre Ehe im Himmel geschlossen ist, daß Gott sie zusammengeführt und zusammengefügt hat; dann werden sie sich auch innerlich getrieben fühlen, in dem Heiligthum der Gemeinde ihre Ehe segnen und bestätigen zu lassen. Hat dagegen nicht die Herzensreinheit, welche allein die Verheißung des Anschauens der Gottheit hat, sie zusammengeführt, so kommen sie vielleicht beßungeachtet zum Altar. Denn Manche begehren den Schein der Frömmigkeit nicht aus Zwang, sondern aus dem Trieb eines verderbten Herzens; denn zu dem heiligen Ernst der Religion mögen sie sich nicht entschließen, aber ohne Namen und Schein der Religion können sie nicht leben und sterben. Die christliche Kirche hat die Pflicht, sich vor der Zudringlichkeit solcher unreinen Seelen zu hüten; durch strenge und unabweisliche Forderung der Herzensreinheit muß sie auf die Heilung dieser tödtlichen Krankheit zu wirken suchen. Verkehrteres aber kann die Kirche gar nicht thun, als wenn sie irgendwie diese Heuchelei anlockt oder füttert. Das geschieht aber durch die jetzt sehr verbreitete Irrlehre, daß die Christlichkeit der Eheschließung durch den kirchlichen Act und das priesterliche Zusammensprechen beschafft werde. In den meisten von den Kirchenmännern ausgehenden über die Ehefrage handelnden Schriften und Ansprachen wird für die Erhaltung der christlichen Ehe alles Hauptgewicht auf den kirchlichen Act gelegt; bei der herrschenden Neigung, in der Religion das Aeußere über das Innere zu erheben, wird durch diese werktheilige Einseitigkeit das Hauptgebot der christlichen Gesinnung in den Hintergrund gedrängt. Und diese Irreleitung der Seelen erreicht ihren Höhepunkt in der Forderung der ungesetzlichen Zusammensprechungsformel. Allerdings findet sich das Zusammensprechen auch in Luthers Traubüchlein, allein es wird dabei gewöhnlich Eins übersehen, was selbst Nitzsch in seiner praktischen Theologie begegnet ist. In Luthers Ritual ist das Zusammensprechen nicht an die Brautleute gerichtet, sondern an die Gemeinde. Die jetzt geforderte Formel „ich spreche euch zusammen" sagt aus einen die Ehe stiftenden Act, so versteht es das Volk, wie Consistorialrath Hermes richtig sagt, so muß es Jeder verstehen, der deutsche Sprache kennt. Wenn dagegen nach Luther der Geistliche der Gemeinde zugewendet sagt: „ich spreche sie im Namen Gottes zusammen", so ist das nur zusammenfassende Aussage über die kirchliche Handlung an den Beiden. Nach dem Ritual Luthers besteht aber die Handlung im Beten, Ermahnen und Segnen. Wenn wir nun Luthers Lehre von dem göttlichen Recht hinzunehmen, dann werden wir wohl nicht irre gehen, wenn wir Luthers Zusammensprechen für beclaratorisch halten und so verstehen, daß der Geistliche

Angesichts der Gemeinde die Verbundenheit der Beiden im Namen Gottes ausspricht, so daß diese kirchliche Erklärung des Geistlichen der bürgerlichen Erklärung des Standesbeamten vollkommen entspricht.

Auf keinen Fall kann Luther das Zusammensprechen so verstanden haben, wie jetzt diese Formel verstanden wird. In Eisenach hat die neulutherische Denkschrift über den preußischen Oberkirchenrath den Sieg errungen. Das mecklenburgische Kirchenregiment hatte nicht bloß in Eisenach die Führerschaft der Eiferer, sondern dasselbe wird mit seinen Maßnahmen gegen das Civilstandsgesetz in dem Hauptorgan des Neulutherthums andauernd als mustergültig gepriesen und ebenso heißt es in der in Königsberg erscheinenden „evangelischen Volkszeitung" „Mecklenburg hat das Civilstandsgesetz in einer Weise aufgenommen, daß man es darum beneiden möchte". Unter diesen Umständen gewinnt die Lehre Kliefoths über die Bedeutung des kirchlichen Actes bei der Eheschließung eine hervorragende Wichtigkeit. Auf der mecklenburgischen Pastoralconferenz zu Grevesmühlen 1874 hat Kliefoth Folgendes behauptet: „**wir Geistliche predigen beim Trauungsact nicht bloß, wir erwirken den Nupturienten Etwas, wir schaffen an ihnen die christliche Ehe, wir predigen sie nicht hinein in den Ehestand, sondern wir setzen sie lebendig und kräftig hinein**". Und in der Ansprache an die Gemeinden lehrt Kliefoth, daß die Eheleute nicht, wie Luther sagt, sich aus göttlichem Rechte einander nehmen, sondern daß „Gott sie durch den Mund seines Dieners einander giebt". Ganz ebenso lehrt Professor Sohm: „die kirchliche Handlung soll die Brautleute thatsächlich in den Ehestand einsetzen, die Trauung ist die Vereinigung durch die Hand des Geistlichen, der Ehemann will seine Frau aus der Hand der Kirche im Namen Gottes entgegennehmen". Auch Professor Cremer weiß Nichts mehr von Luthers „göttlichem Recht", „die Eheleute haben nach seiner Theologie nicht den Muth, sich zu nehmen, sie verlangen einander gegeben zu werden". Auf diese Satzungen hat die hannoverfche Landesfynode ihr Siegel gesetzt, indem sie die Gemeindeglieder kirchlich verpflichtet hat, nur nach vollzogener Kirchentrauung in die eheliche Gemeinschaft einzutreten. Denn eine ehrbare und fromme Sitte zum kirchlichen Gesetz zu machen und zu verkündigen, das ist hierarchischer Sauerteig, den das Evangelium Christi nicht duldet. Diese ganze massive, fast möchte ich sagen materialistische Auffassung von dem kirchlichen Acte beruht auf einer seelengefährlichen Irrlehre. Denn es giebt nicht gar Viele, welche die Sorge für ihre äußeren Interessen Anderen überweisen, aber die Zahl derer ist allenthalben Legion, welche sich in ihrer höchsten und wichtigsten Angelegenheit, in ihrem Verhältniß zu Gott eine Procuratur sehr gerne gefallen lassen, zumal wenn sie sich mit frommen Reden anbietet. Wenn diese nun hören, daß die christliche Ehe durch eine äußere Handlung von einem Anderen ihnen angeschafft wird, so ist das für ihren Weltsinn ein solcher Zauber, daß was etwa jener Andere sagen mag, um ihr Gewissen zu wecken, Alles in den Wind geredet ist, und gar leicht kann es geschehen, daß, während die heiligsten Worte über ihr Haupt gesprochen werden, sie sich in den unreinsten Gedanken herumwälzen. Schwache Gemüther namentlich im weiblichen Geschlecht werden durch diese hierarchische Lehre und Praxis in ewiger Abhängigkeit erhalten, je ernster sie es nehmen, desto fester werden sie geschmiedet an die Ketten eines magischen Priesterbegriffs und viele fromme Seelen werden durch dieses aufbringliche widerchristliche Mittleramt von ihrem Schöpfer losgerissen und bleiben krank ihr Leben lang. Es ist durch dieses Alles erwiesen, daß der Versuch der kirchlichen Eiferer, ihre Ungesetzlichkeit durch die Berufung auf die christliche Ehe zu rechtfertigen, in das Gegentheil umschlägt. Wir wissen jetzt, daß die Ungesetzlichkeit nicht das Christenthum befördert, sondern die Hierarchie und den Aberglauben.

Der Hauptzweck des Civilstandsgesetzes ist die Hierarchie zu brechen; nicht bloß wird dieser Hauptzweck in der evangelischen Kirche durch die beleuchteten hierarchischen Agitationen möglichst vereitelt; die neulutherische Partei erhebt gegen das Gesetz wegen seiner Folgen ein verdammendes Gericht. In einem amtlichen Actenstück vom 20. Febr. 1875 nennt Kliefoth das Civilstandsgesetz „eine starke Versuchung für das Volk zur Entchristlichung, zur sittlichen Verwilderung und zur Bildung eines religiösen Proletariates". Und Mancher frägt: hat er nicht Recht gehabt? In Berlin hat während des ersten Quartals der Geltung des Civilstandsgesetzes nur der fünfte Theil der geschlossenen Ehen die kirchliche Weihe begehrt, in solchen verhältnißmäßig soliden Städten wie Lübeck, Stuttgart stellt sich ein großer Ausfall der kirchlichen Trauungen heraus; in den älteren preußischen Provinzen sind in dem ersten Quartal der kirchlichen Freiheit 16631 Kinder evangelischer Eltern ungetauft geblieben. Daher die Klage: wir versinken ins Heidenthum und das ist die Folge von dem Bruch mit dem christlichen Staat, das ist das Erzeugniß des unter der Führung des Liberalismus und des Judenthums entstandenen Civilstandsgesetzes. Diese frommen Eiferer merken gar nicht, welch einen Abgrund eigener Unfrömmigkeit sie mit dieser Anklage aufdecken. Denn das ist doch wohl klar, daß das Gesetz diese Fälle der Unkirchlichkeit nicht bewirkt, sondern nur offenbar macht. Die 16631 Kinder wären vor dem Civilstandsgesetz getauft worden, aber offenbar nur in Folge des staatskirchlichen Zwanges. Die Kirche hätte mit Hülfe des weltlichen Armes diese Kinder zum Behuf der Taufhandlung den Eltern abgenöthigt und sie sodann den unkirchlichen Eltern zur Erziehung zurückgegeben. Ist das ein christliches Verfahren? Jene vier Fünftel Ehen in Berlin wären ohne Civilgesetz kirchlich eingesegnet worden, aber man frage nur nicht: unter welchen Eindrücken? Gewiß ist Grund zum Kummer über diese Symptome der Unkirchlichkeit, aber wer seinen Unwillen dabei auf das Civilgesetz abladet, der giebt zu erkennen, daß er nicht sowohl über den Schaden betrübt ist, als über die Offenbarung desselben; darin liegt aber weiter vor, daß er die Heilung des Schadens ernstlich nicht will, und ferner enthüllt sich, daß ein solcher Verkläger unseres Gesetzes den durch den Zwang erzeugten Schein der Frömmigkeit lieber will, als die Offenbarung der verdeckten Wirklichkeit; also man liebt die kirchliche Unwahrheit und Unfreiheit, und man fürchtet die Freiheit und man haßt die kirchliche Wahrheit. In der That, diese Anklage gegen unser Gesetz ruht im letzten Grund in dem bösen Willen, die kirchliche Fäulniß, wie sie sich jetzt aufthut, in Permanenz zu erhalten. So gottlos ist die Tiefe, aus welcher diese fromm klingende Anklage hervorgeht!

Wir wandeln aber in solchem kirchlichen Dunst und Nebel, daß trotz alledem diese Anklage gegen unser Gesetz großen Eindruck macht bis in die höchsten Regionen hinauf. Da es meistens die Geistlichen sind, welche diese Klagen über das Versinken ins Heidenthum erheben, so werden Fürsten, welche bisher dem Rathe des geistlichen Standes ihr Vertrauen geschenkt haben, leicht bewogen, diesem Strom des Verderbens innerhalb des ihnen zumeist unterstellten Gebietes ihre entscheidende Machtbefugniß entgegen zu stellen. So hat der Großherzog von Mecklenburg-Schwerin durch sein Ministerium am 7. Januar 1876 den Befehl ergehen lassen, „daß Allerhöchst dieselben die Erfüllung der kirchlichen Pflichten in Bezug auf Taufe und Trauung von allen landesherrlichen Dienern bestimmt erwarten und daß Allerhöchst dieselben Anstand nehmen werden, Personen anzustellen, welche diesen Pflichten in der einen oder anderen Weise nicht nachgekommen sind". Außerdem liegen bestimmte Anzeichen vor, welche es außer Zweifel stellen, daß Kaiser Wilhelm für die preußische Armee eine ähnliche Verfügung getroffen hat. Ein preußischer Standesbeamter hat mir versichert, daß Militärpersonen, welche seine Function angesprochen, nur unter der Bedingung die Erlaubniß zur Heirath erhalten, daß sie sich verpflichtet hatten, die kirchliche Einsegnung ihrer Ehe nachzusuchen. Damit im Einklang steht folgende Nachricht, welche die A.A.Z. in Nr. 111 d. J. veröffentlicht hat: „der commandirende General des ersten Armeecorps General von Barnekow in Königsberg hat einem Reserveoffizier, der sich verheirathete und trotz der Mahnung der Vorgesetzten sich nicht entschließen konnte, den kirchlichen Segen einzuholen, folgendes Schreiben zugehen laffen: Ew. — theilt das Generalcommando mit, daß Ihnen mittelst Allerhöchster Cabinetsordre vom 1. d. M. der Abschied ertheilt worden ist". Manche halten diese Verfügungen nicht bloß für kirchlich heilsam, sondern für vollkommen gesetzmäßig nach § 82 des Reichscivilstandsgesetzes. Aber in beiden Beziehungen irrt man sich, denn der § 82 kann nur im Einklang mit dem Geist des ganzen Gesetzes verstanden werden. Nun sind aber jene Verfügungen, wenn auch nicht gegen den Buchstaben, so doch jedenfalls gegen des Geist eines Gesetzes, welches die kirchlichen Handlungen dem Zwange entnimmt. Daß aber diese Verfügungen der Kirche nicht nützen sondern schaden, ergiebt sich, sobald man sich die Folgen veranschaulicht. Ich setze den Fall: ein junger Mecklenburger hat das Recht studirt, ist ausgezeichnet tüchtig und hat Aussicht auf amtliche Anstellung, zugleich gedenkt er sich zu verheirathen. Ihm steht Alles zu Gebote, was ihm eine ehrenvolle Laufbahn verbürgt, Eins aber fehlt ihm: der Glaube an Christus und an die Kraft des kirchlichen Wortes und Segens. Was soll er nun thun? Weigert er sich vor dem Altar im Namen des dreieinigen Gottes sich mit seiner Verlobten ehelich zusammensprechen zu lassen, so ist seine ganze Carriere durchstrichen. Eine Characterstärke, welche erklärt: ich verkaufe das Erstgeburtsrecht meiner Geistesfreiheit nicht um ein Linsengericht, ich verzichte, diese Stärke wird selten gefunden. Vermuthlich wird der junge Jurist zu folgendem Ergebniß gelangen: man läßt es über sich ergehen, wie es Viele vor mir gethan und Viele nach mir thun werden, mein Körper mag dabei sein, meine Seele ist tausend Meilen davon. Was hat dann die Kirche gewonnen? Einen Heuchler mehr. Es wird auf diese Weise das alte Unheil der staatskirchlichen Corruption, mit dem unser Gesetz aufräumen will, durch eine Hinterthür wieder eingelassen. Also die Mehrung der Heuchelei, das ist die wesentliche Wirkung dieses indirecten Zwanges, denn die Anderen, welche ihre kirchlichen Pflichten ohne Unwahrheit erfüllen, brauchen jenen Zwang nicht. Nun wird man doch nicht sagen, daß die Mehrung dieses giftigsten Unkrautes in der Kirche der wohlwollenden Absicht des § 82 entspricht!

Die Summe der angeführten Thatsachen beweist, daß das Ansehen eines der wichtigsten Gesetze des deutschen Reiches bereits im ersten Jahr seiner Geltung große Einbuße erlitten, sie beweist die Gefahr, daß wenn nicht eine starke Gegenwirkung erfolgt, hierarchische und pharisäische Gesinnung innerhalb der protestantischen Kirche mächtigen Zuwachs erhalten wird, wovon die weitere unausbleibliche Folge sein wird, daß der Kampf des deutschen Reiches gegen die römische Hierarchie, wie der Kampf des badischen Staates im Anfang der funfziger Jahre mit einer Niederlage endigen muß! Die Kreuzzeitung hat bereits in ihr Zukunftsprogramm die Verwandlung der obligatorischen Civilehe in die facultative aufgenommen und das mecklenburgische Kirchenblatt vom 3. Mai d. J. hofft auf eine dereinstige Beseitigung der Civilehe. In dieser Noth müssen wir uns erinnern, daß noch zwei unverbrauchte geistige Hülfsmächte vorhanden sind: das deutsche Volksgewissen und die unsichtbare Kirche, jenes um den Widerstand zu brechen, diese um den kirchlichen Segen dieses Gesetzes zu verwirklichen.

Wir haben gesehen, daß die obligatorische Civilehe dadurch eine hohe sittliche Bedeutung gewinnt, daß sie geeignet ist, eben in denjenigen Theilen der Bevölkerung, deren Sinn für das öffentliche Leben am wenigsten aufgeschlossen ist, das Reichsbewußtsein und die staatsbürgerliche Gesinnung anzuregen. Wie aber, wenn nun die durch das Standesamt hindurchgegangenen Eheleute vor dem Altar als Brautleute angeredet und als noch Unverbundene und Unvereinigte zusammengesprochen werden? Dann wird nicht nur jene sittliche Wirkung des Civilactes ausgelöscht, sondern es wird den jungen Eheleuten unwillkürlich eine Nichtachtung gegen das Reich eingeimpft. Was der Standesbeamte Kraft des Reichsgesetzes ausgesprochen hat, nicht über irgend Etwas in der Welt, sondern über sie selber, über ihren eigenen Stand, das wird vor dem Altar verneint, das wird aufgehoben, entwurzelt und ein anderes Höheres setzt sich an dessen Stelle. Der Krieg zwischen Hierarchie und Staat wird im Heiligthum, überall wo diese ungesetzlichen Formeln gebraucht werden, bei jeder kirchlichen Feier der Eheschließung aufgeführt und die hierarchische Kirche ist die Siegerin auf dem Kampfplatz, der Standesbeamte wird zum bloßen Figuranten herabgesetzt und das Reichsgesetz wird ein wirkungsloses Stück Papier. In dem weihevollen Moment, in welchem eine junge Familie, ein neues Hauswesen in die kirchliche Gemeinde eingeführt wird, und an der heiligsten Stätte darf es die Hierarchie wagen, mit solcher Nichtachtung des Reiches und seiner Gesetze aufzutreten! Wird nicht durch ein solches hierarchisches Gebahren den jungen Ehepaaren, welche berufen sind dem Reiche neue Kräfte zuzuführen, ein Keim der Reichsfeindschaft eingepflanzt? Haben wir denn nicht schon genug an der Reichsfeindschaft der Ultramontanen und Socialisten, daß auch noch die protestantischen Geistlichen sogar im Heiligthum dieses unheilige Feuer nähren und verbreiten müssen? Soll denn aufs Neue wahr werden die alte Legende, daß die Engel vom Himmel rufen: heute wird im Heiligthum Gift ausgeschüttet?

Es ist schon lange im deutschen Volke die Meinung verbreitet, daß die Kirche, welche doch die höchste Instanz der Moral darstellen will, ganz im Widerspruch mit der Forderung des Apostels Paulus in mancher Beziehung mit den einfachen Grundsätzen der allgemein menschlichen Moral nicht mehr im Einklang ist. Diese Anklage des deutschen Volksgewissens gewinnt in dem vorliegenden Conflict eine sehr bestimmte und faßliche Gestalt. Hier wagt das officielle Kirchenthum den Bruch mit dem niedrigsten Grad der Moralität, hier soll heilig, kirchlich und christlich sein der Ungehorsam gegen den Buchstaben und Geist eines Reichsgesetzes. Und dabei handelt es sich um ein Lebensgebiet, in welches Alle, Alte und Junge, Männer und Frauen tief verflochten sind, und der Stempel dieses priesterlichen Ungehorsams gegen das Gesetz wird Allen, die sich unter die zusammensprechende Formel ergeben so wie Allen, welche die Beiden begleiten und an dem feierlichen Acte theilnehmen, je nach dem Maße der Betheiligung aufgedrückt. Freilich ist in Bezug auf kirchliche Angelegenheiten das deutsche Volksgewissen in hohem Grade abgestumpft: da es so oft aufgeregt worden, ohne daß daraus eine kirchliche Wirkung hervorgegangen, so hat sich die Meinung verfestet, daß die Kirche ein starres unbewegliches Wesen sei, mit dem man sich ohne Gemüthsbewegung abfinden müsse, indem man die obligatorischen Formeln und Ceremonien über sich ergehen lasse. Diese weitverbreitete unsittliche Gleichgültigkeit gegen das, was im Innern der Kirche vorgeht, straft sich durch Gefahren der verderblichsten Art. Was Anderes als der Schlaf dieser Gleichgültigkeit hat die Macht der ultramontanen Reichsfeindschaft so verderblich werden lassen? Und zweimal in diesem Jahrhundert hat diese allgemein verbreitete Stumpfheit und Blindheit in geistlichen Dingen es verschuldet, daß die kirchliche Reaction die politische Entwickelung in Deutschland durchkreuzte. Aber so oft die Noth ihr Maß voll macht, ist in Deutschland noch immer gewissenhafte Selbstbesinnung eingetreten. Vor dem nationalen Sündenfall sind wir bis dahin noch bewahrt geblieben. Als der römische Erbfeind das junge Kaiserreich mit seiner alten List als seinen Vasallen in Anspruch zu nehmen sich vermaß, da besann das deutsche Reich sich seiner angebornen Majestät und machte sich daran, das Netz der römischen Verstrickungen zu zerreißen. Die Stunde hat geschlagen, daß mit der protestantischen Hierarchie derselbe Ernst gemacht werden muß. Das Bündniß zwischen der kirchlichen und politischen Reaction auf dem protestantischen Gebiet befestigt sich von Tag zu Tag immer mehr und da dieses Bündniß im geheimen und offenbaren Einverständniß ist mit dem Ultramontanismus, so steht die drohende Gefahr vor der Thür, daß die freiheitliche Entwickelung des deutschen Reiches zum dritten Mal in unserem Jahrhundert durch Schuld des kirchlichen Indifferentismus ruinirt wird. Unsere Opportunisten werden freilich entgegnen: Kaum daß wir gegen die Römischen das Feld behaupten können, und nun sollen wir den „Culturkampf" auch noch gegen das Centrum der protestantischen Kirche eröffnen? Diesen muß man antworten: ihr seid überhaupt nicht die Leute, welche Rom besiegen werden, und daß wir in dem Kampf mit dem römischen Papstthum noch nicht mehr erreicht haben, hat zum Theil darin seinen Grund, weil wir bisher den Muth nicht hatten, mit den „papistischen Maximen", die, wie Spener klagt, schon vor 200 Jahren in der lutherischen Kirche sich eingenistet hatten, ohne Umschweife aufzuräumen. Da es nun doch einmal mit der eingelebten und verfesteten Gleichgültigkeit gegen diese papistischen Maximen so schlimm steht, so ist es ein Glück, daß in einer Zeit, welche selbst oberflächliche Politiker zwingt mit den kirchlichen Factoren zu rechnen, dieser geheime Papismus in der protestantischen Kirche gegen ein bestehendes Reichsgesetz anzurennen die Verwegenheit besitzt. Wenn in dem kranken Körper noch die Möglichkeit der Rettung ist, dann muß dieser heiße Tropfen das Zeichen der Lebensfähigkeit offenbar machen.

Der Widerstand und Ungehorsam des officiellen Protestantismus gegen das Reichscivilstandsgesetz ist weit verbreitet, hat mächtige Stützpuncte und ist umgeben mit einem Heiligenschein, der unklare Seelen und ängstliche Gemüther namentlich im weiblichen Geschlecht verblendet und gegen alle Gründe der Vernunft abschließt. Darum darf auch keine geringere Macht als die des deutschen Volksgewissens zum Schutz dieses Gesetzes angerufen werden. Das Volksgewissen fühlt tief, denkt klar und redet deutsch. Vor diesem Forum müssen die protestantischen Prälaten mit all ihren frommen Zweideutigkeiten verstummen. Einstweilen aber schläft dieses deutsche Volksgewissen, und von selbst wird es nicht aufwachen; es muß geweckt werden. Das ist ein sehr ernstes Geschäft, die Gleichgültigen, die Unklaren, die Frivolen und die Spötter taugen nicht zu diesem Werk. Nur Männern eines strengen sittlichen Ernstes wird dies gelingen. Nun es giebt doch noch allenthalben im deutschen Vaterlande Männer, denen das Ansehen der Gesetze und die Wohlfahrt des Reiches am Herzen liegt und Gewissenssache ist und die zugleich im deutschen Volke öffentliches Vertrauen genießen. Diese müssen an allen Orten die Sprecher des deutschen Volksgewissens werden, diese müssen dem Volke den klaren Verstand und den gemeinnützigen Zweck des Reichsgesetzes darlegen, sie müssen sodann zeigen, daß von vielen Geistlichen gegen Buchstaben und Geist dieses Gesetzes theils offenbar, theils versteckterweise gesündigt wird, und endlich müssen sie mit der vollen Wucht sittlicher Mannhaftigkeit die heiligen Larven dieser priesterlichen Unbotmäßigkeit herunterreißen. Diese ernste sittliche Sprache wird im deutschen Volksgewissen deutlichen Wiederhall finden, und das deutsche Volk, das jetzt in einer neuen Lebensfrage führerlos gelassen, von geistlichen Miethlingen vielfach eingeschüchtert wird, wird sich zu einem selbstständigen Urtheil in dieser wichtigen Angelegenheit ermannen.

Der Weg nun, auf welchem die Stimme des deutschen Volksgewissens zur Geltung gelangen muß, ist deutlich gewiesen und wohl gepflastert. Der deutsche Reichstag ist der Sprechsaal, wo das deutsche Volksgewissen durch seine Vertreter seinen Protest gegen die priesterlichen Ungesetzlichkeiten und Anmaßungen zur Sprache bringen und der Reichsregierung zur Abhülfe ans Herz legen muß. Daß der erste Versuch keinen Erfolg gehabt, darf durchaus nicht abhalten, die sich immer mehrenden Klagen mit immer verstärktem Nachdruck so lange vorzubringen, bis Wandel geschaffen wird. Wenn ernste und reichstreue Männer in allen evangelischen Landeskirchen Acht haben auf diese hierarchischen Versündigungen gegen das Reichsgesetz und ihre Wahrnehmungen mit Sorgfalt constatiren, und wenn dann diese Thatsachen protestantisch-priesterlicher Auflehnung gegen das Reichsgesetz an den deutschen Reichstag kommen, dann muß und wird in dieser deutschen Volksvertretung endlich ein Sturm sittlichen Unwillens und Zornes erwachen, den schließlich die Reichsregierung mit Worten nicht, sondern mit Thaten zu stillen genöthigt sein wird.

Das deutsche Volksgewissen muß die Hut unseres Gesetzes übernehmen, auf daß der Widerstand der hierarchischen Reaction gebrochen werde, aber die Kraft, welche die vollkommene Ausführung des Gesetzes verbürgt und den darin verborgenen Segen entfaltet, ist der Geist der unsichtbaren Kirche. Es ist nicht schwer die seit Leonhard Hutter geläufige Unterscheidung der sichtbaren und unsichtbaren Kirche zu kritisiren, da in der sichtbaren Kirche das Sichtbare das am wenigsten Kirchliche und in der unsichtbaren Kirche das Kirchliche das am wenigsten Unsichtbare ist. Die Logik mag diese Incorrectheit aufweisen, aber diese Incorrectheit ist eine wirkliche Thatsache, die nicht durch die Logik, sondern nur durch die Dialektik wunderthätiger Kräfte beseitigt werden kann. Daß der Geist der unsichtbaren Kirche in ungewöhnlichem Maße geschwächt ist, kann nicht geleugnet werden, aber an dem Dasein desselben zweifeln kann nur der, welcher den christlichen Glauben verloren hat. Wie einst durch den Glauben aus dem Felsen Wasser sprang, um das Volk in der Wüste zu laben, so soll und kann der Geist der unsichtbaren Kirche einem starren Gesetzesbuchstaben Ströme des Lebens entlocken, um die Wüste der sichtbaren Kirche grünen zu machen.

Der Apostel Paulus richtet an die Christen die Mahnung: „dämpfet den Geist nicht". Keine Mahnung ist seit Jahrhunderten so verachtet worden, wie diese. Die ganze bisherige Einrichtung auch der protestantischen Kirche ist nicht ein Organismus des Geistes, sondern eine organisirte Dämpfung des Geistes. Man hat darüber gestritten, ob die kirchliche Buchführung über den Personenstand correct gewesen oder nicht, diese Streitfrage will ich nicht erörtern, aber ich behaupte, wenn diese Buchführung für die Statistik auch von unschätzbarem Werthe gewesen ist, für die Kirche bedeutet sie einen unermeßlichen Schaden. Denn dieser Buchführung liegt die Voraussetzung zu Grunde, daß was auf einem gewissen Territorium geboren wird, was in das erste Stadium der Mündigkeit tritt, was sich zur Gründung einer neuen Familie verbindet, was endlich aus dem Leben scheidet und der Erde zurückgegeben wird, daß alle auf einem bestimmten Raum mit dem Vollbürgerrecht privilegirten Menschen der christlichen Kirche angehören und daß diese Angehörigkeit auf allen Hauptstadien des

Lebenslaufes kirchlich constatirt werden muß. Kann man sich nun etwas dem Geiste des Christenthums Widersprechenderes denken, als eine solche durch die Hauptdocumente des Gesammtlebens versiegelte Voraussetzung? Das Christenthum unterscheidet sich dadurch sehr strenge von den Religionen der alten Welt, die mit Nationalität, mit dem Staatswesen, mit den Stammestraditionen verwachsen sind, daß es sich an die freie Ueberzeugung und Selbstentscheidung jeder einzelnen Persönlichkeit wendet und für den Empfang der ersten Weihe die Loslösung von dem gesammten natürlichen Zusammenhang fordert. Und zwar macht das Christenthum deshalb diese Forderung, weil es den ganzen Menschen für sich in Anspruch nimmt, um ihn, nachdem er durch den Geist neugeschaffen ist, in den Stand zu setzen, den gesammten natürlichen Zusammenhang, dem dieser Mensch angehört, mit der Kraft eines heiligen Lebens und Wirkens zu reinigen und zu verklären. Jene kirchliche Buchführung ist ein urkundlicher Beweis, daß das bestehende Kirchenthum diesen heiligen Geist, dieses hohe Ziel gänzlich muß aus den Augen verloren haben. Was für eine gemeine, niedrige Vorstellung zur Schmach des himmlischen Adels, mit dem das Christenthum in die Welt tritt, diese durch Zwang aufrecht erhaltene Voraussetzung, daß was in einem bestimmten Bezirk geboren wird, lebt und stirbt, officiell mit dem christlichen Stempel müsse versehen werden! Das ist gar nicht das Schlimmste, daß bei den Absehen von aller persönlichen Freiwilligkeit und Ueberzeugung sich immer Einige und vielleicht Viele, wenn nicht gar die Meisten den kirchlichen Ceremonien widerwillig oder gleichgültig unterziehen. Das Grundverderbliche ist, daß dieses territoriale Kirchenthum genöthigt ist, die christlichen Anforderungen, Verheißungen, Hoffnungen, die alle die Kraft einer neuen Geburt zur Voraussetzung haben, abzuschwächen, abzustumpfen und zu verfälschen. Die nothwendige Folge ist, daß die großen urkräftigen Wirkungen, für welche die wahre Kirche berufen und ausgerüstet ist, ausbleiben. Schon Augustinus klagt, daß mit geringen Ausnahmen die, welche sich zur Kirche halten, einen bestimmten äußeren Zweck babei im Auge haben, derselbe klagt ferner, daß der hohe Muth, das Böse zu strafen ohne Ansehen der Person, immer mehr abnehme in der Kirche. Und es liegt eine große schwerverkannte Wahrheit in der Behauptung von Sören Kirkegaard, daß der Feind der Kirche Nichts hätte ersinnen können, was seiner Absicht besser entspräche, wie diese hergebrachte Kirchenanstalt. Unter diesem territorialistischen und materialistischen Einfluß nimmt die Kirche immer mehr eine Gestalt an, welche die ursprünglichen Anfänge gar nicht mehr erkennen läßt, wovon die weitere Folge war, daß die verweltlichte Kirche immer weniger Neigung hatte, ihre Mißgestalt in dem Spiegel der heiligen Schrift anzuschauen und sie daher am liebsten beseitigte.

Als nun Luther die Bibel wiederum unter der Bank hervorholte, da ward es offenbar, daß die Kirche auf ihrem Gang durch die Jahrhunderte weit, weit hinweggerathen war von der durch höchste Hand vorgeschriebenen Bahn. Mit einer unvergleichlichen Kraft machte Luther dieses Buch zu einem Eigenthum deutscher Nation und pflanzte durch die Gewalt seines Beispiels und seiner Lehre die Autorität desselben in unseres Volkes Seele. Es war eine Gotteswirkung der unsichtbaren Kirche. Aber wenn man nun meint, die lutherische Kirche sei wirklich nach der Richtschnur dieses heiligen Codex verfaßt, dann irrt man sehr. Das Schriftprincip ist nicht einmal in der Lehre zur Ausführung gekommen, geschweige denn in der Einrichtung der Kirche. Eine tiefe Kluft gähnt zwischen der neutestamentlichen Gemeindeordnung und unserem Kirchenthum. Die apostolische Gemeinde lebt und athmet in der freien Luft unter dem Himmel der alleinigen Herrschaft Christi und seines Geistes, und dadurch hat sie die Kraft, die in ihr entstehenden Schäden und Krankheiten von innen aus zu heilen; unser Staatskirchenthum führt ein sieches Dasein in dem ungesunden Dunstkreis der Vermischung der geistlichen und weltlichen Dinge, daher werden unsere Krankheiten endemisch, so daß wir kaum Krankheit und Gesundheit unterscheiden können. Wer es nicht wagt, aus diesem Dunstkreis hinauszutreten, der wird keinen einzigen Satz im N. T. verstehen, wie er gemeint ist, weder seine Kirchlichkeit, noch seine Gelehrsamkeit wird im Stande sein, die Decke vor seinen Augen, welche ihm den Einblick in die Herrlichkeit des N. T. verbirgt, hinwegzunehmen. Je mehr man sich darauf steift und darin verfestet, daß wir die Kirche des „reinen Wortes" besitzen, desto mehr wird man genöthigt, die Höhen und die Tiefen der neutestamentlichen Offenbarung mit dem Niveau der hergebrachten Lehren und Kirchensitten auszugleichen, wozu eine lange homiletische und kanonistische Praxis vortreffliche Anleitung gewährt.

Luther ist in so weit an diesem orthodoxen Wahn unschuldig, als er wenigstens in sehr bestimmter Weise und an einer sehr distinguirten Stelle ein ganz anderes Ziel vorgehalten hat. Luther spricht in der „deutschen Messe" von Solchen, die „mit Ernst Christen sein wollen", „die mit Hand und Mund das Evangelium bekennen"; in derselben Versammlung ist nicht „viel und groß Gesänges", aber desto mehr Kraft zu christlichen Werken. Aber Luther bekennt: „ich kann und mag noch nicht eine solche Gemeine oder Versammlung ordnen oder errichten, denn ich habe noch nicht Leute und Personen dazu". Es soll zunächst bei der Weise bleiben, die „eine öffentliche Steigung zum Glauben und zu Christus ist", bis daß „die Christen, so mit Ernst das Wert meinen, sich selbst finden und erhalten". Die Kirche mit der Luther sich vorläufig begnügt, ist also nur der Vorhof und nicht das Heiligthum, die Lutheraner aber halten bis zum heutigen Tag den Vorhof für das Heiligthum. Einen Grund zu dieser traurigen Verwechselung legt schon die augsburgische Confession, welche im 7. und 8. Artikel die von Luther in den schwabacher Artikeln aufgestellte Definition der Kirche abgeschwächt hat.

Soviel ist klar, daß Luther mit vollem Bewußtsein die Herstellung der wahren Kirche vertagt, daß er also einen Dualismus aufrichtet, indem er einerseits die aufgeschlossene Bibel seinem Volk in die Hand giebt, andererseits ein Kirchenthum ordnet, welches nicht der unsichtbaren Gemeinde angepaßt ist, sondern dem

Haufen, „der da steht und gafft, um etwas Neues zu sehen". Dieses Kirchenthum ist aber nach Luthers Sinn nur ein kirchliches Provisorium, aus welchem sich durch innere Entwickelung die wahre Gemeinde gestalten soll.

Es haben nun mancherlei Versuche Statt gefunden, welche auf die Herstellung der wahren Gemeinde gerichtet waren: die Kirchlein des Pietismus, die Brüdergemeinde, die Versuche die „Gläubigen" und die „Ungläubigen" zu scheiden, die Separation der Altlutheraner und mancherlei Sectenbildungen. Aber jeder Unbefangene muß sofort erkennen, daß aus diesen Bewegungen Nichts hervorgegangen ist, was der Anschauung Luthers von der Kraft und den Werken derer, die mit Hand und Mund das Evangelium bekennen, entspräche. „Der Christ ist ein hoher unerschrockener ablicher Geist", wer mit dieser Laterne Luthers Christen sucht, der wird sie in all jenen Gemeinschaften nicht finden. Luther sagt: „die Christen sollen sich finden", aber in all jenen Bildungen ist etwas Gemachtes und Künstliches. Man sollte daher doch endlich ablassen von der Wiederholung dieser künstlichen und schwächlichen Versuche und dagegen Acht geben auf das Zeichen, welches Gott jetzt in dem Civilstandsgesetz aufgerichtet hat. Dieses Zeichen heißt naturgemäße Scheidung der kirchlichen und bürgerlichen Gemeinde.

Der Geist der unsichtbaren Kirche wird sich dieses Gesetzes annehmen. Derselbe hat keine Gemeinschaft mit jener ängstlichen Frömmigkeit, welche über die „kirchlichen Verlustlisten" so in Kummer versunken ist, daß sie mit neidischen Augen die straffe Organisation der päpstlichen Kirche betrachtet. So lange man mit so gequälter Gemüthsstimmung die vor sich gehende große Wendung betrachtet, ist und bleibt man, mag man sagen was man will, ein innerer Widersacher dieses Gesetzes. Der Geist der unsichtbaren Kirche freut sich dieses Gesetzes, denn er schaut in demselben eine Hülfe, die seine gelähmten Fittige frei machen wird. Nicht ohne Scham nimmt er freilich wahr, daß die Lösung des verhängnißvollen Knotens nicht, wie es sein sollte, von der Kirche, sondern vom Staate ausgegangen ist. Denn nicht der Staat, wie man gewöhnlich meint, sondern die Kirche hat diesen Knoten geschürzt. Die Donatisten zuerst und dann die Bischöfe haben dem ungetauften Kaiser das „äußere Bischofsamt" übertragen. Constantin hat sich eine Zeit lang, Kurfürst Friedrich während seiner ganzen Regierung geweigert, mit seiner politischen Macht in das Gebiet der Kirche einzugreifen. Nun kommt der deutsche Staat und zieht seinen angeliehenen Zwang aus der Kirche zurück, nicht aus Mißachtung der Kirche, sondern wie, § 82 beweist, mit wohlwollender Werthschätzung der kirchlichen Pflichten. Jetzt ist die Bahn geöffnet, daß auf ungekünstelte Weise durch freie sittliche Selbstentscheidung die wahre Gemeinde aus dem Vorhof der Heiden in das Innere des Heiligthums vordringen kann.

An der Heerstraße des wüsten Staatskirchenthums saß der Genius der unsichtbaren Kirche mit verhülltem Angesicht, trauernd. Längst hat er erkannt, daß die pietistischen und separatistischen Bemühungen, die Schäden der Kirche zu heilen, ohnmächtig sind. Inzwischen sieht er, daß die nur schwach gebändigten Dämonen des alten Heidenthums wieder emporkommen, daß die Fundamente der öffentlichen Moral in vielen Gemüthern zu wanken beginnen, daß der deutsche Ernst sich soweit verirrt, die Verzweiflung zu einem System, ja zu einem Cultus zu machen. Es gewährt dem hohen Geiste wenig Trost, daß ernste Gelehrte sich bemühen, gegen diese Ungeheuer mit Schriften und Reden vorzugehen, denn er weiß, daß nur die Uebersetzung der Gründe und Beweise in Leben und Thaten solchen infernalen Uebeln gewachsen ist. Die Freude darüber, daß das sittliche Leben in seinen reinen Tiefen und seinen großen Bezügen von edlen deutschen Forschern dargestellt ist wird ihm dadurch verkümmert, daß er die Gemeinde nicht findet, welche befähigt ist, dieses große Programm einer Wiedergeburt des gegenwärtigen Weltlebens auf den Höhen durch Selbstdarstellung auszuführen. Tief trauernd über die Gegenwart, aber selig in Hoffnung zürnt der hohe Geist denen, welche sich nur um Erhaltung der kirchlichen Sitten bemühen und am liebsten sähen, daß diese große Wendezeit spurlos an dem kirchlichen Bestande vorüberginge. O wie schlaff muß alle christliche Spannkraft in denen geworden sein, welche jetzt noch die Erhaltung der kirchlichen Sitten als ein großes Glück zu preisen sich entschließen können! Mit diesen kirchlichen Sitten können wir weder den ungeheuren Verführungen dieser Zeit begegnen, noch die vorliegenden großen sittlichen Aufgaben erfüllen. „Neuen Wein in neuen Schläuchen", das ist es, was wir brauchen. Fragt doch erst nach dem Geist und nach dem Glauben, und wenn ihr ben nicht findet, so wollet doch die Seelen nicht verderben mit kirchlichen Lügen. Kennt ihr denn euren Luther so schlecht, daß ihr nicht wißt, daß die heiligsten Handlungen ohne Glauben nicht bloß todte Werke sind, sondern auch die Seelen tödten? Habt ihr nicht gelesen, daß einst die Pharisäer „Land und Meer umzogen", um einen Proselyten zu machen und dafür nicht belohnt, sondern gestraft worden sind? Es ist dem Herrn verheißen, daß „ihm die Starken sollen zum Raube werden". Die Staatskirche, welche „Fleisch für ihren Arm hält", hat nur für Schwächlinge Anziehungskraft, die Starken aber werden abgestoßen. O so quält doch nicht den starken Geist mit eurer Zubringlichkeit, laßt ihn doch jetzt seiner Wege ziehen, niemals hat er ja den Eindruck einer christlichen Initiative empfangen, vielleicht wenn er nun aus der Ferne die auf sich selbst ruhende Kirche schaut, wird aus dem Saulus ein Paulus werden.

Wenn in dem Geiste christlicher Freiheit und Wahrheit die kirchlichen Folgen unseres Gesetzes gehandhabt werden, dann ist das goldene Thor für die herrliche Zukunft der unsichtbaren Kirche offen. Die fremden weltlichen Elemente, welche jetzt die heiligsten Regungen des Geistes hemmen und verdecken, werden sich ohne Gewaltsamkeit absondern und aus den verborgenen Tiefen der gottmenschlichen Geschichte wird offenbar, was die Welt bis dahin noch nicht geschaut hat. Aber vergessen dürfen wir nicht, daß die Luft des Staatskirchenthums verpestet ist und wir allesammt von diesem Gift angesteckt sind. Nicht mit einem Sprunge gelangen wir in eine neue Kirchenzeit, das Ziel allerdings fest im Auge, werden wir uns auf einen Uebergang gefaßt machen müssen. Es ist ein großer Unverstand, wenn die Geistlichen, welche, so lange das Gesetz noch nicht da war, mit Hand und Fuß sich dagegen gesperrt haben, jetzt, nachdem sie Nichts mehr dagegen machen können, sich anmaßen sofort bestimmen zu können, was in dem neuen Kirchenzustande Rechtens sein soll; namentlich sind diese Eiferer überaus begierig Satzungen für Kirchenzucht aufzurichten. Mit Recht hat der preußische Oberkirchenrath diesen unverständigen Eifer gezügelt und hat die Eiferer auf die nächste Generalsynode verwiesen. Ich glaube nur nicht, daß die nächste Generalsynode schon reif sein wird, mit einiger Sicherheit definitive Ordnungen zu schaffen. Ehe eine Synode sich dieses zutrauen darf, muß sie unabweislich eine Bedingung erfüllen und darüber ein gutes Gewissen haben: sie muß beweisen, daß sie sich in die Aufhebung des staatskirchlichen Zwanges zu den heiligen Handlungen nicht bloß findet, sondern von Herzen darüber freut. Denn erst dann ist sie im Stande, den neuen Zustand mit Ruhe und Umsicht anzuschauen und zu ordnen.

Es muß aber noch ein Zweites hinzukommen, von dem wir einstweilen noch weit entfernt sind. Es ist ziemlich neu, daß diejenigen, welche vorzugsweise für kirchlich gelten wollen, anfangen über Mißtrauen der staatlichen Gewalten gegen die Kirche zu klagen. Die Klage wird dadurch sehr verdächtig, daß sie meistens von denselben erhoben wird, die gegen das Princip der kirchlichen Freiheit, welches in dem Civilstandsgesetz enthalten ist, geeifert haben. Womit Einer gesündigt hat, damit wird er auch gestraft; gebessert aber wird er erst dann, wenn er die Strafe als eine gerechte erkennt und auf sich nimmt. Weil diese Kirchenmänner früher die staatliche Macht gemißbraucht haben für ihre Tendenzen, so ist es ganz in der Ordnung, daß der Staat sie mit Mißtrauen betrachtet und ihren etwaigen Gelüsten Schranken setzt. Das von den Ultramontanen entlehnte Geschrei über den omnipotenten Staat ist hier durchaus nicht am Platz, sondern vielmehr das demüthige Bekenntniß, daß wir es nicht anders verdient haben und daß wir uns bessern wollen. Wie könnte wohl die gegenwärtige Staatsleitung zu dem protestantischen Kirchenthum ein besonderes Vertrauen haben? Schon 1853 forderte Franz von Florencourt in der „deutschen Volkshalle" den deutschen Protestantismus heraus mit dem kecken Wort: „es fehlt dem Protestantismus der jugendliche frische Glaube an sich selbst als an eine Weltmacht". Anstatt daß der deutsche Protestantismus dieser Herausforderung muthig hätte entgegentreten sollen, hat er das vernichtende Urtheil wahr gemacht.

Während der Ultramontismus von 1854 bis 1869 seine unheimlichen mittelaltrigen Werkzeuge mit großem Geschick und Geräusche mobil machte, hat der deutsche Protestantismus durch unverkennbare Züge eines Marasmus senilis das Wort jenes Convertiten bestätigt. Und was für Beistand hat die protestantische Kirche dem Staate geleistet, seit das deutsche Reich mit dem römischen Vaticanismus ums Dasein ringt? Von Beistand kann so wenig die Rede sein, daß die Führer des Neulutherthums, vor denen, wie wir gesehen, auch die preußischen Kirchenmänner sich beugen, sich nicht schämen, mit dem feindlichen Lager öffentlich zu fraternisiren. Wahrlich nicht Klage über den Staat geziemt uns, sondern der Entschluß, durch Thaten das verlorene Vertrauen in erhöhtem Grade wieder zu gewinnen. Die vom Staat der Kirche auferlegte Gesetzesschranke werde uns nach paulinischem Ausdruck ein „Pädagogos auf Christum". Denn durch das Civilstandsgesetz ist uns die Aussicht eröffnet, daß aus dem kirchenstaatlichem Chaos die Gemeinde der Auserwählten vermittelst eines naturgemäßen inneren Processes hervorgehen werde.

In dieser Gemeinde der jetzt eröffneten Zukunft werden die heiligen Handlungen nicht mehr kirchliche Sitten, sondern geistgeborene Thaten sein, in denen Himmel und Erde, Gott und Menschheit ihre Vereinigung feiern. Das Neugeborene ist bereits in Gebeten ohne Zahl seinem Schöpfer dargebracht und geweiht, ehe die heilige Flut sich über sein Haupt ergießt, und der Tauftag bleibt ein jährliches Familienfest und das hohe Kunstwerk der Er-

ziehung ruht auf dem Anschauen des Kindes in dem Himmels=
glanz des göttlichen Gnadenbundes. Und wenn das Kind zum
ersten Mal selbstständig die Schwelle des Heiligthums betritt,
dann wird der Pesthauch der Eitelkeit, der in weiten Kreisen die=
sen heiligen Gang so schändlich entweiht, durch ein ernstes und
freudiges Fest des Hauses fern gehalten. So behütet und so ge=
leitet wächst die Jugend heran, frisch „wie der Thau aus dem
Morgenroth". Und wenn der Jüngling die Jungfrau schaut und
in reiner Liebe „sich Herz zum Herzen findet", dann empfangen
die Beiden in ihrem innersten Gewissen das Siegel, daß Gott sie
zusammengefüget, daß Gott selber sie vertrauet; aber auch die
Gemeinde, aus deren Schoß sie ihr höheres Geistesleben empfan=
gen haben, soll es wissen und mit ihrer freudigen Zustimmung
ihr göttliches Siegel bekräftigen. Und kein Sturm und kein Wet=
ter vermag dieses himmlische Licht der inneren Gewißheit, daß sie
einander auf ewig angehören, zu trüben, und wo die Beiden woh=
nen und wandeln, da empfängt die Welt die Ahnung einer aus
höheren Sphären stammenden Liebe. Und kommt der Tod in
dieses Haus, auch Tod und Grab werden hier in Licht verkläret,
denn wo das ewige Wort in dem Herzen leuchtet und brennt, da
sind beide Welten Eins geworden.

Doch sündlos ist auch diese Gemeinde nicht, sie ist nicht von
der Welt, aber sie ist in der Welt, und „in der Nacht, da Er ver=
rathen ward", saß Judas mit am Tische. Allein das, was unter
dem Namen Kirchenzucht niemals Gedeihen und Kraft gehabt hat,
das wird in dieser Gemeinde auferstehen als kirchliche Lebensord=
nung, welche die ausbrechenden Geschwüre entweder heilen oder
ausschneiden wird.

Eben so wenig darf man sich diese Gemeinde in der Gestalt
einer Secte denken. Freilich im Vergleich mit den Millionen des
Staatskirchenthums wird ihr äußerer Umfang nicht groß sein,
denn natürlich müssen wir im weiteren Verlauf noch auf ganz
andere Zahlen in den kirchlichen Verlustlisten uns gefaßt machen.
Nicht die Masse des Volkes wird der in die Sichtbarkeit treten=

ben unsichtbaren Kirche angehören, aber der gesundeste Kern unseres Volkes, in welchem die deutsche Volksseele wohnt. Des deutschen Reiches Siege und Niederlagen, des deutschen Volkes Bedürfnisse und Aufgaben, in dem Schoße dieser Gemeinde findet dieses Alles das tiefste Verständniß und die thatkräftigste Theilnahme; die werthvollsten Qualitäten, die höchsten Talente und die wichtigsten Functionen, hier finden sie ihre sorgsamsten Pfleger und ihre gewissenhaftesten Träger; die höchsten Ziele der weltgeschichtlichen Mission unseres Volkes, hier werden sie am sichersten verstanden und am kraftvollsten angestrebt. Mit einem Wort, diese Gemeinde ist diejenige Stätte, wo die geschriebene philosophische und theologische Ethik von Schleiermacher und Rothe endlich ins Leben eingeführt wird. Und diese That ist dasjenige Glaubensbekenntniß und dasjenige apologetische Zeugniß, welches allein unserem gegenwärtigem Zeitalter Genüge thut.

Seit 1848 lagert die Sphinx der socialen Frage an der Heerstraße der europäischen Völkerwelt, entweder die Menschheit löst das verhängnißvolle Räthsel und vernichtet das Ungeheuer, oder sie verfehlt die Lösung und geht zu Grunde. Hier ist der absolut höchste Preis zu gewinnen und Niemand sonst wird ihn gewinnen, als die sichtbar werdende unsichtbare Kirche deutscher Nation. Luther arbeitete schon an der Lösung dieses Räthsels, als er in der „Leisniger Kostenordnung" die altchristliche Gemeindewohlthätigkeit wieder aufrichten wollte. Aber da in Leisnig die herkömmliche Vermischung der bürgerlichen und kirchlichen Gemeinde unangetastet blieb, so wurde diese auf christliche Freiheit gegründete Gemeindeordnung bald ein todter Buchstabe. Die staatskirchliche Armenpflege ist im weiteren Verlauf allerthalben zu einer communistischen Zwangspflicht herabgesunken und damit zu einem Futter für die Sphinx geworden. Um so mehr ist es Pflicht der Kirche, diese ungeheure Verirrung durch ihren Geist zu berichtigen, aber dazu reicht weder die innere Mission der evangelischen Kirche, noch die Ordensthätigkeit der katholischen Kirche aus. Das vermag nur die Erneuerung der Liebe zu schaffen, welche einst eine verlorene Welt gerettet hat. Und diese Liebe wird nur entzündet auf dem Altar einer Gemeinde, die auf dem Wege ruhiger Gesetzlichkeit den unheiligen Bann des kirchlichen Zwanges abthut und sich um das Princip der christlichen Freiheit schaart. In dieser Kirche wird wieder aufleben die „erste Liebe", welche die Brüderlichkeit, die jetzt zu einer hohlen Phrase herabgesunken ist, mit weltüberwindender Kraft und Naturwahrheit ausrüsten wird. Die umgebende Welt wird es schauen, daß auf dem Boden der vom Zwange befreiten Kirche, welche alle Gegensätze der menschlichen Gesellschaft in sich schließen wird, die sociale Frage praktisch gelöset werden wird, und wie einst Kaiser Julian, so wird die Welt auf ihrem Boden in der Kraft des Humanismus die christliche Musterorganisation nachzumachen versuchen.

Und zu dieser Höhe giebt es einen anderen Zugang nicht, als durch das Reichsgesetz vom 6. Febr. 1875. Darum wer das Reich liebt und ehrt, der erwecke das deutsche Volksgewissen, daß es sich aufmache, dieses Gesetz gegen den fanatischen Widerstand zu schützen. Und wer Glauben hat, der helfe mit seiner besten Kraft, daß wir den geistlichen Segen, der in diesem Gesetze verborgen ist, bald gewinnen.

Druck von J. Dräger's Buchdruckerei (C. Feichl) in Berlin.